古詩十九首析評

楊 鴻 銘著

文 史 哲 學 集 成
文史哲出版社印行

國家圖書館出版品預行編目資料

古詩十九首析評 / 楊鴻銘著. -- 初版 -- 臺北市：文史哲, 民 104.04
頁;　公分（文史哲學集成；676）
參考書目：頁
ISBN 978-986-314-255-3（平裝）

1.中國詩 2.詩評

821.886　　104006107

文史哲學集成　676

古詩十九首析評

詮釋者：楊鴻銘
出版者：文史哲出版社
http:// www.lapen.com.tw
e-mail：lapen@ms74.hinet.net
登記證字號：行政院新聞局版臺業字五三三七號
發行人：彭正雄
發行所：文史哲出版社
印刷者：文史哲出版社
臺北市羅斯福路一段七十二巷四號
郵政劃撥帳號：一六一八〇一七五
電話886-2-23511028 ・ 傳真886-2-23965656

定價新臺幣二八〇元

中華民國一〇四年（2015）四月初版

ISBN 978-986-314-255-3　　00676

序

一般人對於文章的分析，通常都只能放——不斷的開展細分，而不能收——節有節的小結，段有段的收束，篇有篇的總結。我想起在大學時期，王更生老師曾要求我們每一位學生，暑假期間必須背滿二十篇文章，待開學上課時，先交篇目，然後任其抽背。當時年輕氣盛的我，心想王老師專攻劉勰的文心雕龍，不如就背文心雕龍吧！當我把整本書背完，我從五十篇文字裡，提煉出「首尾圓合」（即「首尾一體」）四個字，做為鑑賞作品組織與結構的參考。於是我決定以「首尾圓合」的概念為基調，從事詩文的分析與圖表的繪製。

文字簡短的詩詞，可以依此方法清楚的分析，如果擴至文章，是否也能一體適用呢？我隨手拿起韓愈的師說試作嘗試，沒想到竟然完全成功了，因此我正式提出這一套文章析評的方法。假使運用得當，以這套方法析評時，作品將有如置於顯微鏡下，枝幹條理自然分明。但這套方法也有致命的缺點：凡是利用這套方法析評時，文章如有未能吻合「首尾圓合」之處，析者必須設法加以補實，否則分析出來的結果、或繪製而成的圖表，就不夠完好。所以乍看篇篇都是佳作的文章，其實並不盡然；析者如在文後未能加以說明或做深入的探討，讀者可能囿於析者的解說，無法徹底而平正的鑑賞。儘管如此，這套析評方法在詩文的分析上、在實際的教學上，的確好用！

其實出版這套書時，並不順利；當我拿著原稿，興沖沖的跑到文史哲出版社，請求彭正雄先生幫我出版時，彭先生的意願很高，但因王老師很不以為然，認為這些東西只能當做自己教學的資材，不具出版價值，而且沒有資格和他們這些師大教授的書籍並列。我當下有些沮喪，也有一些不甘，於是將原稿原封不動的搬到周何老師面前，請求老師指教。周老師看完之後說：「當然值得出版！但你有沒有想過：你不應只為古人做事，你也有能力為自己做事啊！」當時似懂非懂的我，一時只能愣愣的說：「老師的意思，我好像知道。」我把周老師的意見，一五一十的告訴彭先生，彭先生當下桌子一拍，說：「出了！」我在欣喜感動之餘，鄭重的對彭先生說：「為了報答您的知遇之恩，日後凡在文史哲出版的書籍，我一律不拿稿費！」

「高中國文課文析評」出版之後，一時蔚為風潮：民國七十三年十二月，林明乙先生發表在中國語文第三三〇期的「正氣歌並序析評」一文，直接採用我的結構分析闡述。民國七十五年五月，建中楊永英老師於國文天地第十一期，撰寫「高中國文課文析評讀後」一文，勉勵有加。為了讓更多的老師們瞭解，我以「教學示例——顧炎武廉恥」為題，將這一套析評方法刊在國文天地第五期上。從此師大國文系三、四年級的「國文教材教法」及「教學實習」，開始採用這個方法；師大的學生商店，陳列代售這套書籍；全國高中的老師們，幾乎人手一套做為教學的參考；甚至教科書開放之始，教育部還明訂各出版社編寫高中國文教科書時，每課必須附上文章分析表。

以文章析評為主的「高中國文課文析評」，甫一出版，即得臺灣省教育廳、臺北市教育局的著作補助，並榮獲教育部的研究著作獎。修辭學權威、師大黃慶萱教授，致電蔡宗陽老師，希望能夠認識我。我懷著虔謹的心情登門拜訪，從此黃老師把我視為晚輩，不但教我、導我，而且一再的叮嚀，一再的囑請杜忠誥兄轉告我，務必繼續升學，直至拿到博士學位為止。我因自家、老家的家計難挑，因不屑學界師承的風氣而忍痛作罷。時任孔孟月刊總編輯的政大董金裕老師，也因文史哲彭先生的推薦，要我執筆孔孟月刊文論的專欄，結果一寫就是二十八年。如今回想起來，兩位大師的風範，的確卓然！因為「析評」一法，因為「析評」一書，我的人生就此展開！

如今，人人都在援用、也都能夠自由化用的這套文章析評方法，早已普及流行得不足為奇了。但因這套方法而承蒙彭正雄先生、周何老師、董金裕老師、黃慶萱老師的肯定與栽培，則始終在我的心裡細說從頭！

謹識於臺北

古詩十九首析評

目 次

壹、行行重行行

行行重行行，與君生別離。相去萬餘里，各在天一涯。
道路阻且長，會面安可知？胡馬依北風，越鳥巢南枝。
相去日已遠，衣帶日已緩。浮雲蔽白日，遊子不顧反。
思君令人老，歲月忽已晚。棄捐勿復道，努力加餐飯。

注釋

1.〔行行重行行〕：行之不止、走個不停；有愈走愈遠之意。重：又。兩「行行」相疊，是為了加重語氣。
2.〔與君生別離〕：和你生生的分離；有別後難以再見之意。君：指丈夫。
3.〔相去萬餘里〕：相隔一萬多里。相去：相隔。去：距離。萬餘里：言相隔遙遠。
4.〔各在天一涯〕：各在天的一邊；意指相隔遙遠。廣雅：「涯，方也。」涯：本指水邊；亦指邊遠之地。

5.〔阻且長〕：險阻並且長遠。阻：險也。

6.〔會面安可知〕：能否見面怎能知道。安：豈、怎。

7.〔胡馬依北風〕：胡馬南來之後，仍然依戀著北風；比喻不忘本。胡馬：北方胡地所產的馬。古稱北狄為「胡」，北狄就是漢時的匈奴。依：依戀。

8.〔越鳥巢南枝〕：越鳥北飛之後，仍然築巢於南向的樹枝；比喻不忘本。越鳥：南方越地的鳥。越與胡相對，應指南方的越族。巢：築巢，動詞。胡馬依北風，越鳥巢南枝：意指物尚有情，何況是人？以比喻代抒情，情感念舊而又濃烈。

9.〔相去日已遠〕：相離日漸遙遠了；意指離別已久。相去：相隔、相離。日：日漸。已：同「以」。

10.〔衣帶日已緩〕：衣帶日漸寬鬆了；意指人漸消瘦。帶：繫衣褲的腰帶。日：日漸。已：同「以」。緩：寬鬆。

11.〔浮雲蔽白日〕：浮雲遮蔽太陽；意指遊子在外被人迷惑。蔽：遮蔽。浮雲：喻丈夫的新歡。白日：喻丈夫。

文選李善注：「浮雲之蔽白日，以喻邪佞之毀忠良，故遊子之行不顧反也。」浮雲：

喻邪佞。白日：喻忠良。

「浮雲蔽白日」，遊子不顧反：原式作「小人蔽忠良，如浮雲蔽白日」，屬於譬喻修辭中的借喻一格；喻邪佞之毀忠良，亦指小人蒙蔽君主，使賢才受到排斥。

12.〔遊子不顧反〕：遊子不想回家。遊子：遠遊在外的人。子：人。不顧：不想。顧：念、想。反：同「返」。

13.〔思君令人老〕：思念你使我衰老。令：使。

14.〔歲月忽已晚〕：時光流逝，忽然已經到了歲暮時候；意指一年將盡。歲月：時光、時間。忽：忽然、很快的。晚：歲暮。

歲月忽已晚：意指到了秋冬時節，一年的時間所剩無多。

「相去日已遠，衣帶日已緩」與「思君令人老，歲月忽已晚」兩句含意相同，反覆低吟，可以深化抒情的成分。

15.〔棄捐勿復道〕：拋開這些不要再說了。棄捐：拋棄。捐：棄也。復：再。道：說。

16.〔努力加餐飯〕：勉力多吃些飯；當時勉人保重的用語。努力：勉力。加餐飯：多吃飯。加：多。

雖然想念遊子，雖然遊子羈旅不歸，但思婦不但未予苛責，反而勸其自我保重，頗有思而不怨、溫柔敦厚的特質。

語譯

走了又走，走個不停，和你生生的分離。我們彼此相隔一萬多里，各在天的一邊。道路險阻而且長遠，能否見面怎能知道？胡馬南來之後，仍然依戀著北風，越鳥北飛之後，仍然築巢於南向的樹枝。相離日漸遙遠了，衣帶日漸寬鬆了。浮雲遮蔽了太陽，而使遊子不想回家。思念你使我衰老，時光流逝、忽然已經到了歲暮時候。拋開這些不要再說了，請你勉力多吃些飯。

分析

古詩十九首或寫征戍，或敍闊別，或抒閨愁，是東漢後期士人模仿樂府民歌的作品。十九首看似各自成篇，其實內容均以反映時代的苦悶與無奈為主，可以視為息息相關的一組詩歌。

行行重行行一詩，以「思君令人老」的「思」字為其詩眼，以閨婦的口吻，敍寫丈夫羈旅在外、久別未歸的懷念之情。詩的語言平易，情感細膩，譬喻巧妙，用典靈活；尤以反覆低吟的方式敍寫，因此民歌的特質頗為鮮明。詩分四部：

首部：敍離別之情。以追敍的筆法，從往昔行行又行行的別離寫起，逐句加深筆墨，到如今相去萬里、各在天涯時，才傾洩乖隔兩地滿腹的愁情。首部又分兩節：

一、情境：「行行重行行，與君生別離」：以「行」敍離別的方式；以「行行」不停的走敍離別的不忍；以「行行」又「行行」，愈走愈遠敍離別的無奈。以「與君生別離」的「生」字，極寫生而必須分離、活生生必須拆散時心中的痛苦。

二、離境：「相去萬餘里，各在天一涯」：承上兩句敍寫闊別的情形。以「相去」的「相」字，敍兩人不願分離；以「萬餘里」的「萬」字，誇飾相隔的距離；以「各在天一涯」極寫相隔萬里、有如各在天的一邊、遙遠難以聚首的情形。

二部：過峽，收上啟下。

「道路阻且長，會面安可知」；「道路阻且長」語出詩經蒹葭：「所謂伊人，在水一方；遡洄從之，道阻且長。」就客觀的情境說，收束上文四句，敍相去萬里、路遙途險的感受；「會面安可知」就主觀的人情說，開啟下文思念所有的文字，敍別後心中想念的情形。

三部：敍思念之情。連用兩個典故，敍因思念而有所懷疑、而勸良人善自珍重患得患失的心情。三部又分四節：

一、前提|典故㈠：「胡馬依北風，越鳥巢南枝」：以比喻、以典故抒其情感。藉胡馬南來仍然依戀北風，越鳥北飛仍然築巢於向南的樹枝立論，說明物不忘本，其情猶

在，何況是人？所以良人如今雖然遠離，心裡一定仍然惦記著自己。因「胡馬」、「越鳥」的習性而聯想遊子，是興；以「依北風」、「巢南枝」喻不忘本，是比。

二、處境—抒情㈠：「相去日已遠，衣帶日已緩」：「相去日已遠」，既寫客觀的時間，也敘人因思念而備覺離別之久。「衣帶日已緩」，以衣帶日漸寬鬆敘其離別之後愁苦的情形。兩句均以「日」字嵌在句中，有時間日漸流逝、思念日漸加深、身體日漸憔悴的動感。

三、原因—典故㈡：「浮雲蔽白日，遊子不顧反」：「浮雲蔽白日」是因，「遊子不顧反」是果。因思念而懷疑，因懷疑而更加思念；所以思婦以「浮雲」比喻良人的新歡，以「白日」比喻丈夫；以「浮雲蔽白日」敘遊子不是不想回來，而是因為新歡蒙蔽了遊子；愁怨之中自有敦厚之情。

從「胡馬依北風，越鳥巢南枝」，堅信良人仍然惦記自己，到本句「浮雲蔽白日，遊子不顧反」，懷疑良人可能另結新歡，可以想見閨婦患得患失惆悵的心情。

四、落實—抒情㈡：「思君令人老，歲月忽已晚」：表面上是回到現實，敘其愁苦漸催人老、一年又已過去的感傷；實際上則是直承上文「相去日已遠，衣帶日已緩」，以含意相同的字句，反覆詠嘆心中的思念之苦。

三部從「胡馬依北風」至「歲月忽已晚」，連以兩句典故，兩句抒情，典故與抒情兩相交錯的方式敘寫而成。

四部：勗勉。以思而不怨的心情，勸其良人自我寬慰，好好的保重自己。「棄捐忽復道，努力加餐飯」：以勗勉之語總結全詩；將自己的離別之愁、思念之苦盡數埋藏心中，而以關愛的語氣勸其良人善自珍重；既溫柔，又敦厚。

本詩前六句敍離，後八句敍思，末兩句以勗勉總結全詩。有白描，有比興；有抒情，有用典；詩在反覆詠嘆之中，自有纏綿不絕的溫柔之情。

批評

遠，寫得更遠；近，寫得更近；好，寫得更好；壞，寫得更壞。既含誇飾的成分，又有深刻意象效果的寫法，叫做強化。強化可以在字句、在修辭、在文意之上，選擇適當的字眼，嵌入字句之中，以表達出自己所想表達的強度。如就「行行重行行」一詩以論文章強化的寫法，則有下列五種：

一、情景強化：以濃墨描摹景物，或以反覆靈動的字句敍寫人事，叫做情景強化。如本詩「行行重行行，與君生別離」句，以四個「行」字加上一個「重」字，愈走愈遠的意象，清晰可見；以「生」字眼睜睜的望著良人離去，愁思頓時變得可觸可感。

二、情形強化：在一般敍述的語氣之中，稍做轉折或加入一些較具強度的字眼，敍其經過或處境，叫做情形強化。如本詩「道路阻且長，會面安可知」句，以「阻且長」極寫因道路漫長而又艱險，所以無法、也不敢預知何時才能相見。

三、情境強化：以誇飾的筆法敍其時空，或以抽象的意念敍其大小，叫做情境強化。如本詩「相去萬餘里，各在天一涯」句，「萬餘里」、「天一涯」是誇飾，也是強化之後難以會面的情境。

四、情意強化：以象徵的事物宣洩情感，或以烘托的筆法抒發內心的情致，叫做情意強化。如本詩「相去日已遠，衣帶日已緩」句，以衣帶日緩強化離別的愁苦；「思君令人老，歲月忽已晚」句，以相思易老、歲月易逝強化離別的孤獨，正是強化情意的寫法。

五、情思強化：以具象或突兀的筆法，敍寫自己所想表達的思想，或所想提出的看法，叫做情思強化。如本詩「棄捐勿復道，努力加餐飯」句，以「棄捐」同義複詞敍其不用理會之意；在「棄捐」之下加上「勿復」二字，把「棄捐」的意思寫得更為清楚。

以較強烈的字眼、較轉折的筆法、較誇飾的語詞鋪寫詩文，詩文意象馬上可以得到適度的強化。因此寫作時如想增加詩文的深度或廣度，本法可以多加採用。

（孔孟月刊四六八期、二〇〇一年八月）

分析表

- 行行重行行
  - 思
    - 離情
      - 情境——「行行重行行，與君生別離」
      - 離境——「相去萬餘里，各在天一涯」
      - ——「道路阻且長」（收上）
    - 思情
      - 前提——「胡馬依北風，越鳥巢南枝」（典故一）
      - 處境——「相去日已遠，衣帶日已緩」（抒情一）
      - 原因——「浮雲蔽白日，遊子不顧反」（典故二）
      - 落實——「思君令人老，歲月忽已晚」（抒情二）
      - ——「會面安可知」（啓下）
    - ——「棄捐勿復道，努力加餐飯」

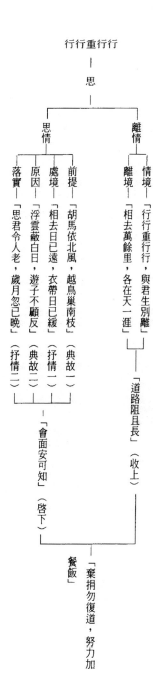

貳、青青河畔草

青青河畔草，鬱鬱園中柳。盈盈樓上女，皎皎當窗牖。
娥娥紅粉妝，纖纖出素手。昔為倡家女，今為蕩子婦。
蕩子行不歸，空床難獨守。

注釋

1.〔青青〕：形容草的顏色翠綠。青：顏色翠綠。
2.〔畔〕：音ㄆㄢˋ，邊也。
3.〔鬱鬱〕：草木叢聚，有茂密之意。鬱：積也，木聚生也，有草木茂盛之意。
青青河畔草，鬱鬱園中柳：即「河畔草青青，園中柳鬱鬱」。
4.〔盈盈〕：儀態美好。盈：通「嬴」。廣雅曰：「盈，容也。」
5.〔皎皎〕：潔白的樣子；此指臉色潔白。皎：音ㄐㄧㄠˇ，潔白。

6. 〔當〕：臨。
7. 〔窗牖〕：窗戶。牖：音ㄧㄡˇ，窗也。說文段注：在屋曰窗，在牆曰牖。
8. 〔娥娥〕：美好的樣子；指容貌。娥：美好貌。
9. 〔紅粉妝〕：以紅色的粉妝飾。粉：敷臉化妝之用。妝：飾也。娥娥紅粉妝：即「妝紅粉娥娥」。
10. 〔纖纖〕：柔細的樣子。纖：細也。纖纖出素手：即「出素纖纖手」。
11. 〔素〕：白也，指手的膚色。
12. 〔昔「為」倡家女〕：是。
13. 〔倡家女〕：即倡女，古代從事歌唱樂舞的女子。
14. 〔蕩子婦〕：羈旅不歸的男子的妻子。蕩子：離家遠遊、羈旅不歸的人。
15. 〔行〕：指遠行、遠遊。
16. 〔空床難獨守〕：即「難獨守空床」，意指備受孤寂之苦煎熬。

語譯

河邊的青草翠翠綠綠，園裡的柳樹茂茂盛盛。樓上的女子儀態優美，臉色潔白的臨靠著窗戶。紅粉妝飾著美好的容貌，伸出柔白細嫩的手來。以前是從事歌唱樂舞的女子，現在是羈旅在外蕩子的妻子。羈旅在外的蕩子遠遊不回來，女子很難獨自守著空寂的床。

分析

青草綿延不絕，綠柳茂盛扶疏，大地充滿盎然的生氣，唯獨不見羈旅遠遊的蕩子歸來。思婦在樓上眺望，在窗前徘徊，在想念之中情難以堪，正是本詩敘寫的動機。

本詩以「空床難獨守」的「守」字為詩眼，以第三人稱、以思婦的語氣，敘寫守在家鄉、守在閨中、守在孤獨的情形。詩分三部：

首部：情境，起興。以青草、鬱柳起興，敘春來不見伊人的愁傷，做為全詩鋪寫的張本。首部又分兩節：

一、遠景—敘長：「青青河畔草」：青草綿延不盡，不斷沿著河流，伸向遙遠的地方。思婦登樓遠眺，望盡天涯之路，雖未明寫「思」字，心中卻正「綿綿思遠道」。尤其「青青」兩字相疊，青得青翠的鮮草，遍地都是，更增添了思婦的感傷。

二、近景—敍闊：「鬱鬱園中柳」；柳樹競相勃發，滿園綠意關不住。思婦將遠眺的視線拉回樓前，因「忽見陌頭楊柳色」而暗自神傷。尤其「鬱鬱」兩字相疊，鬱得蓊鬱的楊柳，有愈見愈多、愁傷愈來愈濃的動感。

「青草」與「綠柳」，常是詩文藉以起興懷人的景物，所以飲馬長城窟行有「青青河畔草，綿綿思遠道」之句，王昌齡春閨詩有「閨中少婦不知愁，春日凝妝上翠樓。忽見陌頭楊柳色，悔教夫婿覓封侯」之感。

中部：敍人，實寫。以思婦為主體，從身體、從面貌、從動作敍其姣好優雅的情形。中部又分兩節；

一、總說—敍體：「盈盈樓上女，皎皎當窗牖」；以第三者、旁觀者的立場，就眼前所見樓上的女子，敍其全身整體的形貌。「樓上女」是靜態的位置，「當窗牖」則是動態的位置。「盈盈」疊用「盈」字，可使儀態好得更好；「皎皎」疊用「皎」字，可使膚色白得更白。

二、詳敍—敍容：「娥娥紅粉妝，纖纖出素手」：上兩句敍整體的形貌，此兩句則將焦點聚在臉上，專就妝飾而言；聚在手上，專就柔細而言。「娥娥紅粉妝」是靜態的容貌，「纖纖出素手」則是動態的容貌。「娥娥」疊用「娥」字，可使容貌美得更美；「纖纖」疊用「纖」字，可使素手細得更細。

因「出素手」而知「紅粉妝」，因「紅粉妝」而知「當窗牖」，因「當窗牖」而知「樓上女」。從詩意上看，係由大而小描寫樓上的女子；但從內容來說，則在「纖纖出素手」句，才將樓上之女倚樓憑眺的情形，一筆揭明。

「青青」，青得更青；「鬱鬱」，盛得更盛；「盈盈」，好得更好；「皎皎」，白得更白；「娥娥」，美得更美；「纖纖」，細得更細。詩前六句連以疊字描摹，可使描摹的意象更為突出。

後部：抒情，虛寫。以思婦的口吻，設身處境抒發思婦內心的孤寂之情。後部又分兩節：

一、處境：「昔為倡家女，今為蕩子婦」：以「昔為倡家女」一語點明思婦的出身；並以「倡家女」整天歡笑、整天有人陪伴的過去，預為下文「空床難獨守」埋下伏筆。以「今為蕩子婦」的「蕩子」與「倡女」兩相排並，點明彼此類似的出身，並為下文「行不歸」說明具體的原因。

二、心情：「蕩子行不歸，空床難獨守」：以「蕩子行不歸」直承上句，點明蕩子遊蕩的情形；以「空床難獨守」直承上句，說明因蕩子「行不歸」而思婦「難獨守」，因果必然的關係，收束全詩，並照應上文「昔為倡家女」句，凸顯「難獨守」的「難」字。

「青青河畔草」二句，以眼前所見的景物起興；「盈盈樓上女」四句，實寫眼前所見的思婦；「昔為倡家女」四句，則設身處境，以虛寫的方式抒發思婦內心的感受。

本詩連用六個疊字，因此色彩頗為鮮明；連以坦率的字眼敍寫，因此情感頗為自然；只就此時、此境、此景、此物、此人著墨，因此全詩寫來頗為真摯。本詩也許有其露骨之處，但卻沒有怨悱之言，仍然是一首可以閱讀的好詩。

批評

以某一字眼相疊成詞，藉以描寫更為鮮明的景物，抒發更為深刻的情感，叫做疊字修辭。疊字可以不限詞性，但卻必須合於情境，才能寫出恰如其分、且更勝單詞字義或情境的語詞。如就「青青河畔草」一詩論文章疊字的寫法，則有下列六種：

一、描摹疊字：連以兩字相疊，從形寫其狀貌，從景寫其風物，或從聲仿其音響，叫做描摹疊字。如本詩「青青河畔草」的「青青」一詞，因為兩字相疊，所以隱約可以看到整片綠意的情景。

二、衍意疊字：從某一單字的本義引申出來之後，再疊上一個相同的字眼，使敍寫的主題更為突出，叫做衍意疊字。如本詩「鬱鬱園中柳」句，毛傳：「鬱，積也。」說文：「鬱，木叢生也。」鬱由積、由木叢生引申而有茂盛之意。兩個「鬱」字相疊，使茂盛的楊柳更茂盛了。

三、借代疊字：以部分借代全體或全體借代部分的字眼，相疊之後表達更為鮮明的主題，叫做借代疊字。如本詩「盈盈樓上女」的「盈」字，通「嬴」。廣雅云：「嬴，容也。」以本意容貌的「盈」字，敍寫美好的儀態，是全體借代部分；兩個「盈」字相疊，女子美好的儀態更優雅了。

四、轉化疊字：人與人、人與物、物與物之間的性質，以擬人或擬物的字眼，堆疊敍寫，叫做轉化疊字。如本詩「皎皎當窗牖」的「皎」字，說文云：「月之白也。」以月的潔白轉化而為人的潔白；以兩個「皎」字相疊，膚色不但潔白，而且已經白得雪白了。

五、直賦疊字：兩個相同的字眼疊在一起，雖然只取本意，卻因兩字相疊而使字句有了強化的效果，叫做直賦疊字。如本詩「娥娥紅粉妝」的「娥」字，方言第二云：「秦、晉之間，美貌謂之娥。」以兩個本意美貌的「娥」字堆疊成詞，女子容貌的美，就美得足以令人驚豔了。

六、層遞疊字：兩個相同的字眼疊在一起，能使長的更長、短的更短，寬的更寬、窄的更窄，叫做層遞疊字。如本詩「纖纖出素手」的「纖」字，本有柔細、細長之意。兩個「纖」字擺在一起，長已經更長、細已經更細了。

以疊字描寫景物或表抒情感，因為兩個相同的字眼彼此堆疊，所以流露在紙面之上的字句，不但有動態、有色彩、有聲音，而且還能廣化或深化原來的意象，這是疊字奇妙的效果，也是作品時常採用疊字的主因。

（孔孟月刊四六九期、二〇〇一年九月）

分析表

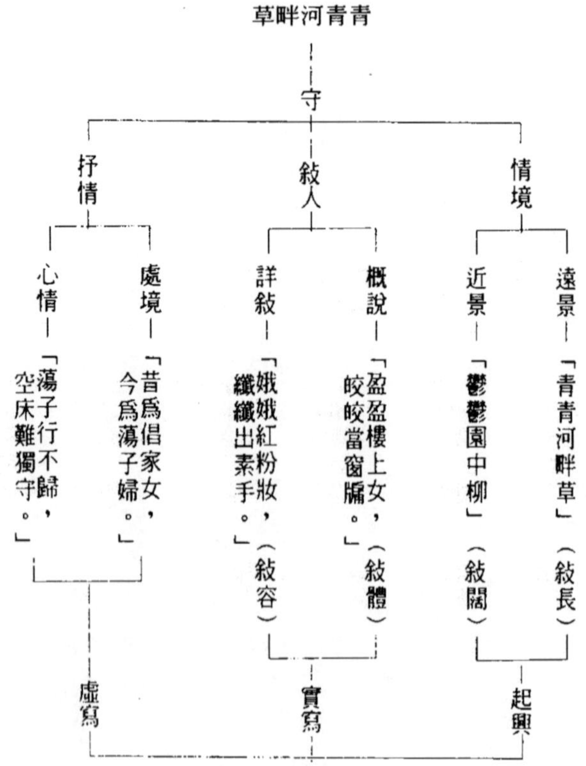

參、青青陵上柏

青青陵上柏，磊磊磵中石。人生天地間，忽如遠行客。
斗酒相娛樂，聊厚不為薄。驅車策駑馬，游戲宛與洛。
洛中何鬱鬱，冠帶自相索。長衢羅夾巷，王侯多第宅。
兩宮遙相望，雙闕百餘尺。極宴娛心意，戚戚何所迫？

注釋

1. 〔青青〕：顏色翠綠的樣子。青：顏色翠綠。
2. 〔陵〕：大阜為陵；陵即土山、丘陵。
3. 〔磊磊〕：眾石堆積的樣子。磊：音ㄌㄟˇ，眾石。
4. 〔磵〕：同「澗」，山夾水為澗，即山間的流水。
柏樹常青，與人生的短暫對比；磵石堅定，與人生的無常對比。起首二句是作者觸景生情的興，也是以彼狀此的比。

5.〔忽〕：迅速。

6.〔遠行客〕：遠赴異地的旅者。客：旅者。

7.〔斗酒〕：少量的酒。斗：量器名，容一斗。

8.〔相娛樂〕：自我娛遣取樂。相：代詞性助詞，表示「我」。

9.〔聊厚不為薄〕：姑且視為厚酒，而不是薄酒。聊：姑且。為：是。厚、薄：均指「酒」。詩端六句，因見青柏與礀石的茂盛、堅定，有感於人生的短暫無常，而以薄酒自我排遣。

10.〔驅車〕：駕車。驅：鞭馬使進，此指駕也。

11.〔策〕：馬箠，即馬鞭；此當動詞用，鞭策。

12.〔駑馬〕：遲鈍的馬，即劣馬。駑：音ㄋㄨ，馬遲鈍者。

13.〔游戲〕：遊玩。

14.〔宛與洛〕：宛，宛縣，南陽郡的郡治所在，東漢時有南都之稱。洛：洛陽，東漢首都。

15.〔何鬱鬱〕：多麼美盛。何：多麼。鬱鬱：美盛的樣子；轉化修辭之用。

16.〔冠帶〕：帽子、腰帶；代指顯貴者。冠：帽子總稱，或專指官吏的禮帽。帶：束腰

17.〔自相索〕：即易經「同聲相應，同氣相求」的「同氣相求」，自行相互來往。自：

自己，指顯貴者。相：互相。索：求也，此指來往。

18.〔長衢〕：四通八達的大路。衢：音ㄑㄩˊ，四通八達的路。

19.〔羅夾巷〕：小巷羅列在大路兩旁。羅：列也。夾巷：夾在大路兩旁的小巷。夾：也釋為「狹」。

20.〔第宅〕：王侯的住宅。第：住宅，因有等第之分，故曰第。

漢書高帝紀：「為列侯者賜大第。」注：「有甲乙次第，故曰第。」

21.〔兩宮〕：洛陽城內的南宮和北宮。蔡質漢官典職：「南宮、北宮，相去七里。」

22.〔雙「闕」〕：音ㄑㄩㄝˋ，觀也。古時天子或諸侯的宮門前兩側，有兩座高臺，臺上有樓，用以遠望，叫做闕。

崔豹古今注：「闕，觀也。古每門樹兩觀於其門前，所以標表宮門也。其上可居，登之則可遠觀，故謂之觀。人臣將至此，則思其所闕，故謂之闕。」

23.〔極宴〕：盛宴。極：盛。

24.〔戚戚何所迫〕：我又何必被憂思所逼迫？或指「為何內心卻被憂思所逼迫」？戚戚：憂也。迫：逼也。

極宴娛心意，戚戚何所迫：就己而言，意指王侯鎮日窮奢極侈，我又何必整天憂思不安呢？就王侯而言，意指王侯表面上窮奢極侈，但其內心卻始終憂思不安。

語譯

丘陵上的柏樹翠綠茂盛，山谷裡的石頭到處堆積。人生活在天地之間，迅疾有如遠赴異地的旅者。以少量的酒自我娛遣取樂，姑且把它視為厚酒而不是薄酒。駕著車子、鞭策遲鈍的馬匹，到宛縣和洛陽遊玩。洛陽城裡多麼的繁華美盛，戴帽束帶的顯貴者自行相互來往。小巷羅列在大路的兩旁，在這裡有很多王侯的住宅。南宮、北宮遙遙相對，宮門前兩側的望樓有一百多尺高。王侯以盛宴娛樂自己的心意，為何內心卻被憂思所逼迫呢？

分析

東漢晚年，朝政敗壞，達官貴人競修土木，極盡奢華；宦官獨攬大權，胡作非為；有志之士雖想撥亂反正，但卻自身難保；有的被誣為「黨人」而身繫囹圄，有的禁錮終身而徒呼奈何。於是人生無常、何不自我娛遣，成為當時士人避世的方法，而寫了這首徬徨、無奈的「青青陵上柏」。

本詩以「忽如遠行客」的「客」字為詩眼，敍寫人生短暫、不如及時行樂的主題。因人不能常如青柏茂盛、磵石堅定，所以是客；因為前往洛中遊戲，只能觀賞而無法參與，所以是客；全詩即以「客」的眼光鋪寫而成。詩分前後兩部：

前部：動機，敍遊洛與作詩的緣由。前部又分兩節：

一、起興：「青青陵上柏，磊磊磵中石」：以青柏、磵石興起全詩。作者因見青柏常綠而感嘆人生短暫，因見磵石常存而感慨人生無常，而引出以酒自娛、駕車遊洛的動機。

二、立論：「人生天地間，忽如遠行客」：因見柏、石而感嘆，因感嘆而引出人生如客的主意。人生如客，無法久居一地，只能匆忙來去；「遠行」之客，馬上就得上路，顯得更為短促；在客、在遠行的意象之下，加上一個「忽」字，短暫的人生，似乎馬上就要結束了。

三、落實：「斗酒相娛樂，聊厚不為薄」：因為人生短促，因為內心無法排遣，所以舉起酒來聊資一歡。這是直承上文而來的感嘆，也是人在感嘆之中具體的做法；詩在「斗酒」、在「聊厚」句中，除了小結前部之外，也為下文駑馬遊洛、處境貧賤預先埋下了伏筆。

本詩因見青柏茂盛、磵石堅定而感嘆人生短暫，因感嘆人生短暫而以斗酒自我排遣，因以斗酒自我排遣而引起遊洛的動機。詩在循序敍寫之中，層次頗為分明。

後部：主題，敍及時行樂——遊洛的情形與內心的感慨。後部又分兩節：

一、洛途：「驅車策駑馬，游戲宛與洛」：直承前部人生短暫的主意而來，敍前往洛中沿途的情形。自驅駑馬，呼應上文「聊厚不為薄」句，極寫貧賤的情形。遊戲宛洛，呼應上文「忽如遠行客」句，極寫及時行樂的情形。

二、洛中：直承上句「游戲宛與洛」而來，敍在洛中的見聞，又分總說、詳敍與感嘆三小節：

㈠總說：「洛中何鬱鬱，冠帶自相索」：以繁華美盛、顯貴者自相往來，敍其初睹洛中的情景，並類比詩端「青青陵上柏，磊磊磵中石」句：

1.「洛中何鬱鬱」類比「青青陵上柏」：人文的洛陽城裡繁榮美盛，有如自然的青柏在丘陵之上翠綠茂盛，極寫洛陽城的奢華。尤以形容樹木的「鬱鬱」，轉化而來描寫城市，更能凸顯洛陽當時的繁盛。

2.「冠帶自相索」類比「磊磊磵中石」：人文的顯貴者彼此穿梭，有如自然的磵石到處堆積，極寫洛陽城的富庶。

㈡詳敍：以道路、宅第、宮殿、宴會具體描寫：

1.道路：「長衢羅夾巷」：小巷羅列在大路兩旁，四通八達。

2.宅第：「王侯多第宅」：王侯的宅第散在街巷之中，到處都是。

3.宮殿：「兩宮遙相望，雙闕百餘尺」：南北兩宮遙遙相對，極寫洛陽城的大；兩側望樓一百多尺高，極寫洛陽城的壯。

4.宴會：「極宴娛心意」：以盛宴娛其心意，就現實生活敍王侯的奢華。

㈢感嘆：「戚戚何所迫」：就王侯內心，敘其人生無常的苦悶；就作者所見，敘其「客」遊的心情，並總結全詩。

後部由驅車而遊洛，由洛中繁盛而顯貴者時相往來，由街巷四通八達而兩旁王侯的宅第到處都是，由兩宮相望而雙闕一百多尺高；連以兩句上下相銜、兩句合敘一景的筆法鋪敘，詩的節奏在緊湊之中，自有規則。

「青青」敘其茂盛，「磊磊」敘其眾多，「鬱鬱」敘其繁盛，「戚戚」敘其憂思；疊字在作者的筆下，頗能強化詩中原有的意思。又，「忽如遠行客」的「忽」、「極宴娛心意」的「極」，則以強烈的字眼，敘其深刻的體會與見聞，因此詩的結構雖然簡單，詩的意涵卻在字句之外。

批評

以類似的情形、相關的情景或相反的事物兩相比較、兩相對照的方法，叫做對比。對比可以烘托情境，可以深化內容，可以鮮明意象，因此行文之中，常被採用。如就「青青陵上柏」一詩，以人、事、時、地、物論其對比的寫法，則有下列五種：

一、人的對比：以人的處境、人的言行、人的身心兩相比較的寫法，叫做人的對比。如本詩「極宴娛心意」，生活何其奢華，但其內心卻「戚戚何所迫」，始終焦慮不安，兩句道盡顯貴者在現實之中的矛盾。

二、事的對比：以事的優劣、事的難易、事的表裡兩相比較的寫法，叫做事的對比。如本詩「驅車策駑馬」，乘著陋車劣馬，前去「洛中何鬱鬱」的洛陽城遊玩，作者心中能不感傷嗎？

三、時的對比：以時的長短、時的快慢、時的今昔兩相比較的寫法，叫做時的對比。如本詩「人生天地間，忽如遠行客」句，天地無端無涯，無窮無盡；人在天地之間，宛如快速路過的遠行客。短短十個字，已經道盡人的無奈。

四、地的對比：以地的高低、地的大小、地的遠近兩相比較的寫法，叫做地的對比。如本詩「青青陵上柏，磊磊磵中石」句，柏在陵上，石在磵中；青柏與磊石，高下遙遙相望。

五、物的對比：以物的寬窄、物的精粗、物的雅俗兩相比較的寫法，叫做物的對比。如本詩「長衢羅夾巷，王侯多第宅」句，大路中有小巷，小巷中有豪宅，詩在大路與小巷、小巷與豪宅中，顯得既整齊，又錯落。

對比的事物，只要性質相關，即可拿來對照比較，因此對比在文、在詩、在詞曲小說之上，常被採做行文重要的筆法。

（孔孟月刊四七〇期、二〇〇一年十月）

分析表

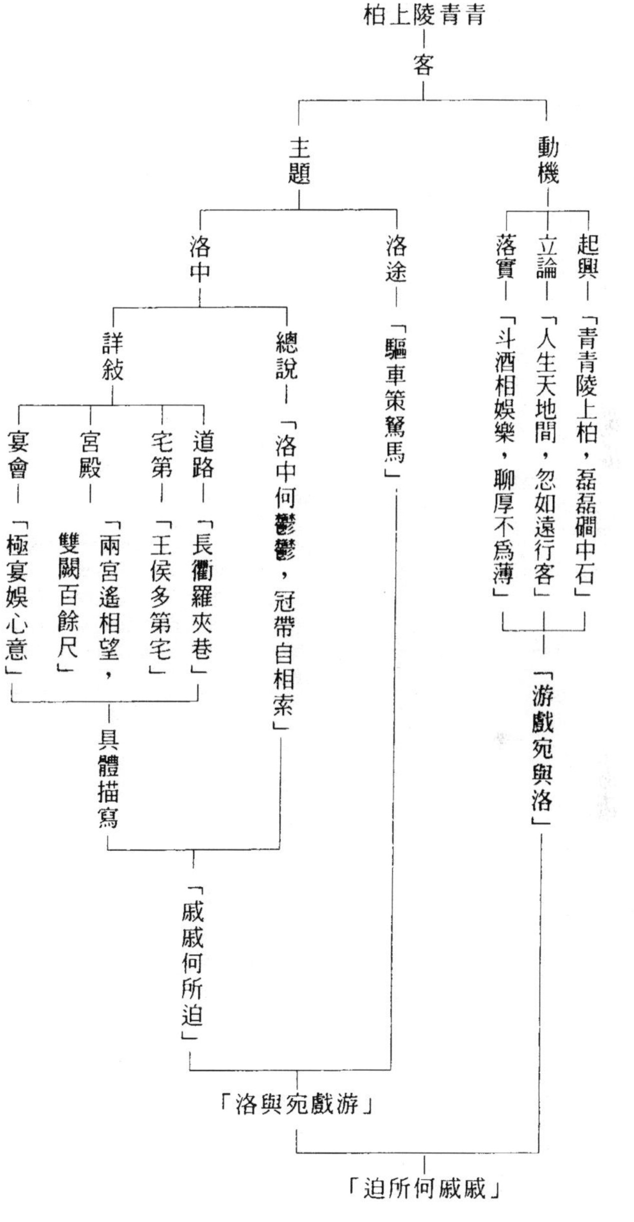
青青陵上柏
客
動機
起興
「青青陵上柏，磊磊磵中石」
立論
「人生天地間，忽如遠行客」
落實
「斗酒相娛樂，聊厚不為薄」
「游戲宛與洛」
主題
洛途
「驅車策駑馬」
洛中
總說
「洛中何鬱鬱，冠帶自相索」
詳敘
道路
「長衢羅夾巷」
宅第
「王侯多第宅」
宮殿
「兩宮遙相望，雙闕百餘尺」
宴會
「極宴娛心意」
具體描寫
「戚戚何所迫」
「游戲宛與洛」
「戚戚何所迫」

肆、今日良宴會

今日良宴會，歡樂難具陳。彈箏奮逸響，新聲妙入神。
令德唱高言，識曲聽其真。齊心同所願，含意俱未申。
人生寄一世，奄忽若飆塵。何不策高足，先據要路津？
無為守窮賤，轗軻長苦辛。

注釋

1.〔今日良宴會〕：今天美好的飲宴聚會。良：善、好。
2.〔歡樂難具陳〕：歡愉快樂難以詳細述說。具：詳也。陳：述也。
3.〔彈箏奮逸響〕：彈奏古箏，用力撥出奔放的樂音。箏：古樂器名，五絃，魏晉改為十二絃，唐以後則定為十三絃。奮：猛然用力。逸響：奔放的樂音。響：指樂音。
4.〔新聲妙入神〕：新近流行的曲調奇妙，有如入於神境。新聲：新從西北傳入的曲調。

聲：曲調。入神：入於神境，極言樂曲美妙。

5. 〔令德唱高言〕：賢德的人發出高妙的言論。令德：賢德；借指「令德者」，實指顯貴者。令：賢、善。唱：歌詠，此指發言。又，「唱」亦作「倡」，倡導，有首先發言之意。高言：高妙的言論。

6. 〔識曲聽其真〕：知音的人聽出曲中的真意。識曲：辨知曲辭的人，即知音者。真：真意。

「令德唱高言」，奢談樂音或人生的道理；「識曲」者，則從曲中體會曲辭或人生的真諦。

7. 〔齊心同所願〕：眾人都有相同的心願。齊心：同心。齊：同也。

「齊心同所願」，即「齊心同願」，即「齊心願」或「同心願」，互文修辭。

8. 〔含意俱未申〕：隱含的意思都沒有說出來。含意：隱含的意思。申：說也。

9. 〔人生寄一世〕：即「人一生寄世」，人的一生寄託在塵世之上；極言人生短暫。寄：託也。

10. 〔奄忽若飆塵〕：疾速得有如狂風捲起的塵埃。奄忽：迅疾。奄：音ㄧㄢˇ，忽然、快速。飆塵：狂風捲起的塵埃。飆：音ㄅㄧㄠ，暴風。

「人生寄一世」即「人一生（如）寄世」，屬於省略喻詞的略喻。「奄忽若飆塵」，則為三者均具的明喻。

「人生如寄」已經夠短了，疊上「飆塵」一句，人生不但短暫，而且短得幾乎馬上就要消逝了；這是譬喻之中善用誇飾的效果。

11.〔何不策高足〕：為何不鞭打駿馬。策：鞭馬使進，有鞭打之意，動詞。高足：駿馬。

12.〔先據要路津〕：先占據重要的路口和渡口；意指位居要職，以求富貴顯達。路：路口。津：渡口。

據要路津：就整句而言，據如要路津般的職位，是譬喻；就語辭而言，以「路津」借代要職，語意明晰且不失於熱中的期盼。

13.〔無為守窮賤〕：不要守著貧窮卑賤。無為：即「毋為」，不要。無：通「毋」。為：助詞。

14.〔轗軻長苦辛〕：永遠忍受著困頓失意、勞苦艱辛。轗軻：音ㄎㄢˇ ㄎㄜˇ，即「坎坷」，困頓失意。長：永遠。苦辛：勞苦艱辛。

語譯

今天美好的飲宴聚會，歡愉快樂難以詳細的述說。彈奏古箏，用力撥出奔放的樂音，新近流行的曲調奇妙，有如入於神境。賢德的人對樂曲發出高妙的言論，只有知音的人才能聽出曲中的真意。眾人都有相同的心願，隱含的意思都沒有說出來。人的一生寄託在塵世之上，疾速得有如狂風捲起的塵埃。為何不鞭打駿馬，先占據重要的路口和渡口？不要守著貧窮卑賤，永遠忍受著困頓失意、勞苦艱辛。

分析

因「河清不可俟，人命不可延」（趙壹疾邪詩），所以作者勸人「何不策高足，先據要路津」，不要長守坎坷而做苦自己。因「順風激靡草，富貴者稱賢」，所以在演奏會上，「令德」才能唱其高言，勸人及早追求功名利祿。詩從宴會起筆，因聆聽新聲而心有所感，而寫下這首寓有深意的作品。

本詩以「人生寄一世」的「寄」字為詩眼，將宴會雖好而不能長久，新聲雖妙在發人省思，令德者雖有高言卻未必真合我意，抒發自己對人生、對時局、對眾人，隱而不顯卻昭然若揭的感慨。詩分三部：

前部：情境；敍宴會熱鬧的情形。前部又分兩節：

一、總說：「今日良宴會，歡樂難具陳」：以總括之筆概述宴會的情形。首句「宴會」加上「良」字，是暗寫；次句直標「歡樂」二字，則是明寫。

以次句的「難具陳」，極寫「良宴會」的「良」字；中性的「良」字，似乎頓時活潑熱鬧了起來。

二、具敍：「彈箏奮逸響，新聲妙入神」：直承上句而來，從宴會諸多歡樂的情事之中，選擇聆樂一事具體而細膩的鋪寫。

因為「奮」彈，所以才有「逸」響；因為「新聲」，所以才能美「妙」；因為美「妙」至極，所以聽者才能入神。詩在循序漸進、逐次加重筆墨之下，頗能寫出作者在宴會諸多的樂事裡，為何獨獨鍾愛聆樂一事。

中部：過峽；以「令德唱高言，識曲聽其真」直承上文；以「齊心同所願，含意俱未申」開啟下文。中部又分兩節：

一、曲意：從上文聆聽的曲辭，分賓、主兩層敍述：

1.賓—令德者：「令德唱高言」：賢德的人就曲辭高談闊論。因其令德，所言似乎可以採信；但與下文「識曲」映襯之下，則知並非如此。所以本句只能視為引起下句主意的賓位。

2.主—識曲者：「識曲聽其真」：知音的人聽出曲辭的真意。因能得知其真，所以才有「人生寄一世」以下六句深沉的感慨。

「令德唱高言」，奢談人生的道理；「識曲聽其真」，則從曲中體會人生的真諦。有權有勢的「富貴者」，就可以「稱賢」，並非真賢，與「令德唱高言」的「令德」二字，同具反諷之意。「令德」並非真有美德，因此詩以「高言」稱之，乍看是褒，其實是貶。又，「令德唱高言」的「高」字，與「識曲聽其真」的「真」字兩相對比之後，何者是虛，何者是實，已經不言而喻了。

二、眾意：「齊心同所願，含意俱未申」：從上文的「高言」與「真」言，敘眾人心裡一致的想法。眾人雖有一致的想法，但因含意未申，所以才用下文「人生寄一世」六句，補足詩意。

後部：主體；曲辭的含意，也是作者的感受。敘人生如寄，必須及早獲得功名，以免坎坷一生。後部又分三節：

一、前提：「人生寄一世，奄忽若飆塵」：以人生短暫、轉眼即逝立論，做為下文正反敘議的前提。

「人生寄一世」即「人生一世（如）寄」，是隱喻；「奄忽若飆塵」則是明喻。以「如寄」、以「飆塵」描寫人生，才能將人生短暫抽象的情形，具體捕捉在讀者的眼前。

「人生如寄」的「寄」字，已經夠短了，疊上「飆塵」的「飆」字，不但短促，而且已經短得幾乎馬上就要消逝了。又，「寄」與「飆」字，均從時間敘其短暫，「飆塵」的「塵」字，則從形體敘其渺小；頗有「寄蜉蝣於天地，渺滄海之一粟」（蘇軾赤壁賦）的無奈。

二、正說：「何不策高足，先據要路津」：照應上文「令德唱高言」的「令德」二字，從正面敍曲辭勉人之意，或作者聆樂之後深刻的感受。反詰語氣，是為了強化詩句的意思；據要路津，則以譬喻的辭法修飾，以免給人熱中功名的印象。

「高足」加上「策」字，本來就有捷足先登、搶制先機的意涵。「路津」本來就是樞紐；「路津」加上「要」字，企想的職位決不尋常，必須「先據」才能享有終身的榮顯。

「據要路津」，就整句而言，據如要津也似的職位，是譬喻；就語辭而言，以「路津」借代要職，語意明晰且不失於躁進。

三、反說：「無為守窮賤，轗軻長苦辛」；與上文兩相映襯，凸顯詩的主題。以「無為」而不「策高足」，則將永遠守其「窮賤」；以「轗軻」敍如未能「據要路津」，則將終身「苦辛」的結果，收束全詩。

「無為守窮賤，轗軻長苦辛」，就詩意而言，是朱自清說的他們「不在守道而不得時，只在守窮賤而不得富貴」。就反語而言，則是陳沆說的「杜子美詩：長安卿相多少年，富貴應須致身早。子美豈羨富貴者哉？」

「令德」言出而人不違，因此人人想追求功名利祿；「識曲」能辨其真而無高位，則將處於坎坷之中而一世苦辛。作者因參加宴會、聆聽新聲，而抒發對於人生的看法，這是全詩的主題，也是作者處於東漢末年，每天眼見耳聞之下，不能不有的感慨。這種感慨，正是士人「淈其泥而揚其波」，或「眾人皆醉我獨醒」（屈原漁父）的試金石。

批評

有所隱忍而不能明說，是不盡；情事繁雜而無法一一列舉，是不盡；「言在耳目之內，情在八荒之表」，也是不盡。所謂不盡，並非文意戛然而止，或文句突然中斷，而是文中預先布有可供思索的字眼，所以作品雖已結束，但其意涵卻能藉著讀者的感受或聯想，而體會作者言而未盡的「未盡」之意。如就「今日良宴會」一詩，敍其不盡的寫法，則有下列五種：

一、明言不盡：因項目繁多，無法羅縷紀敍，而以概括的字眼一筆帶過，叫做明言不盡。如本詩「今日良宴會，歡樂難具陳」句，將宴會無法一五一十敍述的歡樂情形，僅以「難具陳」三字一筆草草的帶過了。

二、總言不盡：因景物優美或情事細膩，無法完整的鋪陳，而僅總說其中的意境，叫做總言不盡。如本詩「彈箏奮逸響，新聲妙入神」句，以「入神」二字總說「新聲」奇妙的樂音。

三、寓言不盡：作者意有所指，或欲讀者自己分辨，而以不定的手法，在文中寓含一種或多種的意思，叫做寓言不盡。如本詩「齊心同所願，含意俱未申」句，「齊心同所願」如果是大家有志一同，「含意俱未申」則指「令德」所唱的「高言」；「齊心同所願」如果是大家心中各有其願，「含意俱未申」則指「令德」者或「識曲」者的想法。

四、譬言不盡：文中敍述的意念或道理，因為抽象難解，所以採用譬喻的辭法來形容，使文意雖然不能說盡，卻能道個明白，叫做譬言不盡。如本詩「人生寄一世，奄忽若飆塵」句，以人生如「寄」、如「飆塵」敍寫人生短暫而易逝的現象。

五、婉言不盡：以委婉之語，將較突兀或較強烈的觀念、行為，點到即止，不再進一步的說明，叫做婉言不盡。如本詩「何不策高足，先據要路津」句，以「策高足」、「據要路津」婉敍追求功名富貴的心，可以免去熱中、躁進的嫌疑。

盡而不盡，是意在言外，是作品首尾完整之後，留給讀者無窮思考空間的寫法。善用這種寫法，不但作者可以清楚的表意，讀者也能從文中的蛛絲馬跡，體會作品在字句之外更多的意思。

（孔孟月刊四七一期、二〇〇一年十一月）

分析表

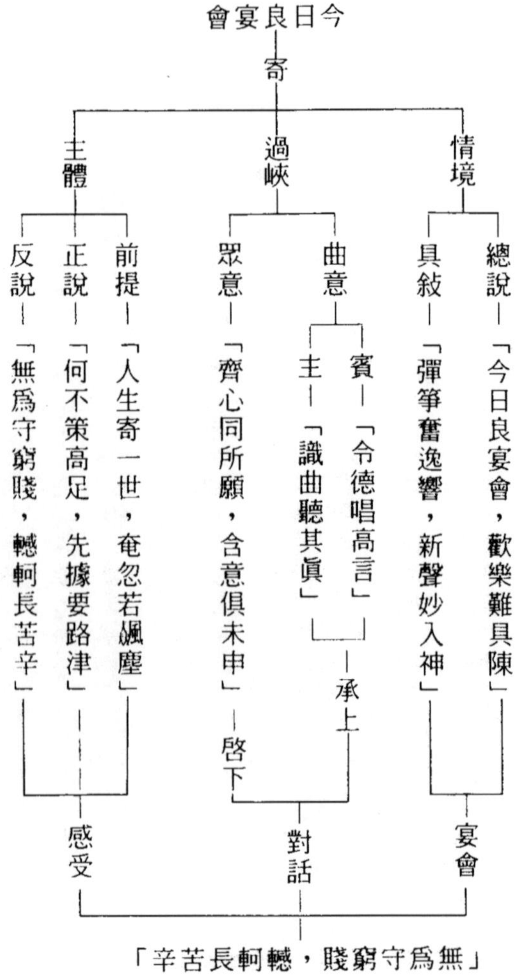
今日良宴會
寄
情境
過峽
主體
總說
「今日良宴會，歡樂難具陳」
具敘
「彈箏奮逸響，新聲妙入神」
曲意
賓
「令德唱高言」
主
「識曲聽其眞」
承上
衆意
「齊心同所願，含意俱未申」
啓下
前提
「人生寄一世，奄忽若飆塵」
正說
「何不策高足，先據要路津」
反說
「無爲守窮賤，轗軻長苦辛」
宴會
對話
感受
「無爲守窮賤，轗軻長苦辛」

伍、西北有高樓

西北有高樓，上與浮雲齊。交疏結綺窗，阿閣三重階。
上有弦歌聲，音響一何悲！誰能為此曲，無乃杞梁妻？
清商隨風發，中曲正徘徊；一彈再三嘆，慷慨有餘哀。
不惜歌者苦，但傷知音稀。願為雙鴻鵠，奮翅起高飛。

注釋

1. 〔浮雲〕：飄浮的雲。
2. 〔齊〕：同、等。
3. 〔交疏〕：交錯雕刻。交：交錯。疏：雕刻。
4. 〔結綺〕：繫著花紋綺羅。結：繫。綺：有花紋的絲織品。
5. 〔阿閣〕：有四阿的樓閣；四邊都有翹簷迴廊的樓閣。阿：音ㄜ，屋角處翹起的簷。

閣：樓。

6.〔三重階〕：三層臺階。重：層。

7.〔弦歌〕：彈琴唱歌。弦：樂器上發聲的絲繩，此處借為弦樂，如琴、瑟。歌：詠、唱。

8.〔音響〕：歌聲、樂音。音：「聲成文謂之音」（樂記），此指歌聲。響：應聲，此指伴奏。

9.〔一何〕：多麼。一：助詞。

10.〔誰能「為」此曲〕：彈唱。

11.〔無乃〕：莫非是、難道不是。乃：是。

12.〔杞梁妻〕：琴曲之名，又名杞梁妻嘆。

琴操：「（杞梁死後）妻嘆曰：上則無父，中則無夫，下則無子，將何以立吾節？亦死而已！援琴而鼓之，曲終，遂自投淄水而死。」

杞梁，字殖，齊國的大夫，因攻伐莒國，被俘而死。

無乃杞梁妻：莫非有如杞梁妻子處境的人，譬喻修辭。

13.〔清商〕：商聲、淒清悲涼的商聲。商：宮、商、角、徵、羽五音之一，其聲淒清悲涼。

杜佑通典：「清商，係漢魏六朝之遺樂。」

14.〔中曲〕：曲中。

15.〔徘徊〕：流連往復，此指曲調往復低徊；轉化修辭。

16.〔一彈〕：彈完一曲。

17.〔再三嘆〕：再以泛聲反覆和奏。再三：反覆。嘆：吟也，此指泛聲和奏。

樂記：「壹唱而三嘆，有遺音者矣。」

18.〔慷慨〕：失意感嘆。

說文：「慷慨，壯士不得志於心也。」

19.〔餘哀〕：不盡的哀傷。

慷慨有餘哀：意指曲調雖已彈畢，但其感傷之情，卻仍不盡，始終縈繞在心頭。

20.〔不惜歌者苦〕：惜，憐惜。苦：悲苦。

21.〔但傷知音稀〕：但，只也。知音：瞭解曲意的人。

不惜歌者苦，但傷知音稀：歌者以歌唱敍其悲苦，如能得到知音的撫慰，則不悲苦；如果遍尋不著知音，其苦無從抒發，則將苦不堪言。

列子：「伯牙善鼓琴，鍾子期善聽。伯牙鼓琴，志在高山，鍾子期曰：善哉！峨峨兮若泰山。志在流水，鍾子期曰：善哉！洋洋兮若江河。伯牙每有所念，鍾子期必得之。」

22.〔鴻鵠〕：鴻，即鵠。朱駿聲說文通訓定聲云：「凡鴻鵠連文者，即鵠。」鴻鵠，又指天鵝。

鴻鵠善鳴，照應上句「但傷知音稀」；善飛，照應下句「奮翅起高飛」。

雙鴻鵠：指歌者與聽者。

23.〔奮翅〕：振翅。

24.〔「高」飛〕：遠也。廣雅釋詁：「高，遠也。」

願為雙鴻鵠，奮翅起高飛：意指欲與歌者遠離悲苦的人世，投向理想的境地，屬於象徵修辭。又，作者頗有「同是天涯淪落人」的感傷。

語譯

西北方有一座高大的樓房，樓頂與飄浮的雲同高。交錯鏤空、繫著花紋綺羅的窗子，四邊都有翹簷迴廊的樓閣，建在三層的臺階上。樓上有彈琴唱歌的聲音，歌聲、樂音是多麼的悲涼！誰能彈唱這樣的曲子呢，莫非是有如杞梁妻子一般處境的人？淒清悲涼的商聲，隨風散發，曲中的旋律，正往復低徊著；彈完一曲之後，再以泛聲反覆的和奏，失意感嘆而有不盡的哀傷。不憐惜歌唱的人悲苦，只是感傷瞭解曲意的人太少了。希望與歌者變成一對鴻鵠，振起翅膀飛向遙遠的地方。

分析

意動而言出，因內心的感動而形諸筆墨，是作者在不得不發之下，主動的提筆。觸景而生情，因外在事物的激盪而有心寫作，是作者情志有所遇合的結果。兩者創作的動機，雖有主動與被動的區別，卻都能夠為情造文，都能寫出情真意摯的作品，本詩屬於後者。

西北有高樓一詩，因聽歌聆曲而抒發知音難遇、不如高舉遠引的感慨。上與雲齊的高樓上，寂寞的女子彈唱清商的曲調，是悲；駐足傾聆、有志難伸的聽者，因「同是天涯淪落人」而感傷，也是悲。「音響一何悲」的「悲」字，把歌者與聽者的情感，緊緊的繫連起來，正是本詩的詩眼。本詩可以分為敍議兩大部分：

前部：敍；先寫樓景，次寫聲景，最後才就弦歌之聲抒發深刻的感受。前部又分三節：

一、樓景：從概略的印象，敍及定睛的觀察，有樓高壯麗、侯門似海的感覺。詩分兩小節：

㈠粗眺─輪廓：「西北有高樓，上與浮雲齊」：就位置而言──以西北縱然不是皇帝之居，也是王侯的住宅，凸顯樓主的地位；就建築而言，以「高」字明寫樓的外表；

就視覺而言，以「上」字直承「西北有高樓」的「高」字，再次形容樓的樣子；以「浮雲齊」三字，極寫樓「高」的情形，使樓在作者誇飾的筆下，愈益顯得高聳。

㈡細看—雕飾：「交疏結綺窗，阿閣三重階」：富麗堂皇的樓，無法一一詳述，所以只就交錯鏤空、且繫有花紋綺羅的窗，與四面曲簷的迴廊，具體概括樓的不俗。末了才以「三重階」、建在三層的臺階之上，小結樓景所有的文字。

「高樓」的「高」，是客觀的位置；「上與浮雲齊」的「上」，是人往上看的視覺；「浮雲齊」，是人在心中的讚嘆；「阿閣三重階」的「三重」，是作者有意強化的印象。短短幾句，樓的輪廓已經清晰可見。

「交疏結綺窗」的「交疏」，是窗上的雕刻；「結綺」，是窗內的裝飾；「阿閣三重階」的「阿閣」，則是四周的迴廊。區區十字，樓的縟麗已經如在眼前。

二、聲景：純從作者的聆聽著墨，先敘歌聲，再敘歌者。詩分兩小節：

㈠歌聲：「上有弦歌聲，音響一何悲」：直承詩端「西北有高樓」的「高樓」二字而來，敘作者駐足樓下，聆聽彈琴唱歌的情形。「上有弦歌聲」，是在偶然中不經意聽到的；「音響一何悲」，則是作者有意聆聽與聽後的感覺。兩句都只點到為止，並未詳敘，留待下文再做深入的描寫。

㈡歌者：「誰能為此曲，無乃杞梁妻」：因為樂歌悲涼，所以作者循歌問人，頗有一睹芳容的企想。「誰能為此曲」是設問，直承上文「音響一何悲」而欲探究竟；「無乃杞梁妻」是反詰，心知其人必如杞梁之妻，所以才能唱出如此曲子。兩句一設問、一反詰，似問而非問，似答而非答，詩文頗有悠然搖曳的美感。

「上有弦歌聲，音響一何悲」句，點到即止，預為下文「清商隨風發，中曲正徘徊，一彈再三嘆」句埋下伏筆；「誰能為此曲，無乃杞梁妻」句，預為下文「不惜歌者苦，但傷知音稀」句埋下伏筆。

三、聲象：詳敍曲音與曲意，藉以補足上文聲景的不足。詩分兩小節：

㈠曲音：直承上文「音響一何悲」句而來，分敍曲始、曲中、曲終樂歌彈唱的情形，詳敍「悲」的「音響」：

1. 始曲：「清商隨風發」：明示曲調為悲涼的商，並以「隨風發」才能飄入作者的耳際，照應上文「上有弦歌聲」句。

2. 中曲：「中曲正徘徊」：曲中的旋律，往復低迴，所以作者才有杞梁之妻正在彈唱的譬喻聯想。

3. 終曲：「一彈再三嘆」：彈完之後，再以泛聲反覆的和奏，不但完成整首樂曲的彈唱，而且情感也從上句的「徘徊」，墜入更為淒楚的「三嘆」之中。

就樂歌而言，「上有弦歌聲，音響一何悲」是總說，「清商隨風發」等三句為詳敍；

就彈唱而言，從「清商隨風發」而「中曲正徘徊」，而「一彈再三嘆」，恰好構成一幅動態的彈唱視覺。就描寫而言，首句以「清商」的「清」字形容商曲；次句以人的「徘徊」，轉化而成弦歌的低唱；三句以「三嘆」的「嘆」字，將人的情感移到曲樂之上，仍然屬於轉化修辭。

(二)曲意：「慷慨有餘哀」：收束「上有弦歌聲」以下所有的文字，是曲中表達的情感，也是作者聆聽之後的感受。

從「清商」，明示悲涼的商曲；而「徘徊」，描寫樂歌的纏綿；到「三嘆」，抒發哀怨的情愁。從「清商隨風發」的「隨」意偶然，而「中曲正徘徊」的「正」在低唱，到「一彈再三嘆」的一「再」感慨，詩文隨樂歌彈唱的情形，漸次加重筆墨，而寫出愈來愈深的情感。

後部：議；因聆聽樂歌而有所感慨，而抒發知音難求、不如振翼遠翔的心情。詩分兩節：

一、感慨：「不惜歌者苦，但傷知音稀」：以對比的筆法，敘聆聽樂歌之後的感慨，既替歌者抱屈，也為無人賞識自己而悲。

歌者的苦，苦在無法傾訴衷情，所以「音響一何悲」；聽者的苦，苦在無人賞識，因此以「但傷知音稀」並敘兩人相同的際遇。但從「誰能為此曲」句，則知聽者對歌者滿心的讚嘆；從「無乃杞梁妻」句，則知聽者正是歌者的知音。

二、憧憬：「願為雙鴻鵠，奮翅起高飛」：聽者以知音自居，願與歌者一起高舉遠引總結全詩。

「願為雙鴻鵠」象徵彼此憐惜、願常相左右之意；「奮翅起高飛」象徵從此遠去、不理世事之意。詩在相憐而不能相見、欲去而未必能走的矛盾中，頗有不絕如縷、餘意蕩漾的趣味。

聽者與歌者始終不曾會晤，只藉樂歌飄來的旋律，而遙想其人、其境、其情，除了樓景實寫之外，其餘大部文字看似虛寫，虛中卻隱然含有無限的真情。這是因為聽者把自己的情感，與樂歌連成一氣；把自己的處境，與歌者兩相結合，所以才能寫就如此感人的作品。

批評

以寫實或想像的筆法，將生活周遭的人、事、時、地、物，或意念所及的憧憬、理想，化成文字呈現在讀者的眼前，叫做描寫。描寫可以採用的方法很多，如就「西北有高樓」一詩，論其描寫的方法，則有下列四種：

一、形象描寫；形象是人的外貌、物的輪廓、事的經過或時空的樣子。如能具體的描寫，讀者將有如目親睹的感覺。如本詩「西北有高樓」句，實寫，「上與浮雲齊」句，極言其高；「交疏結綺窗，阿閣三重階」句，則在輪廓之外，加上細膩的描寫。

二、意象描寫：意象是人的理念、人的思想或詩的含意、文的內容。意象可以含蓄，卻不能隱諱；可以不盡，卻不能交代不清。如本詩「願為雙鴻鵠，奮翅起高飛」句，以象徵的辭法，敍其欲與歌者齊飛、一起遠引而去的心情。

三、聲象描寫：聲象是聲的曲目、聲的旋律、聲的抑揚、聲的長短。聲象常以事物、常以轉化的辭法來描寫。如本詩「清商隨風發」是始奏，「中曲正徘徊」是中曲，「一彈再三嘆」則是終曲。「清商」的「清」是形容，「徘徊」與「三嘆」的「嘆」字，則是轉化修辭。

四、境象描寫：境象是詩文的情境或意境。情境是文端的前提或動機；至於意境，可以清楚的營造，也可以散在作品的字裡行間。如本詩以「音響一何悲」的「悲」字、「慷慨有餘哀」的「哀」字、「不惜歌者苦」的「苦」字、「但傷知音稀」的「傷」字，構築而成一幅悲涼的畫面，使人看了不禁三嘆、四嘆！

整體描寫敍述的層面較廣，但卻較難深刻；重點描寫只取一端，難免會有疏略之處。如何以部分涵蓋整體，以整體深刻鋪陳的對象，正是描寫一法優劣與否的關鍵！

（孔孟月刊四七二期、二〇〇一年十二月）

分析表

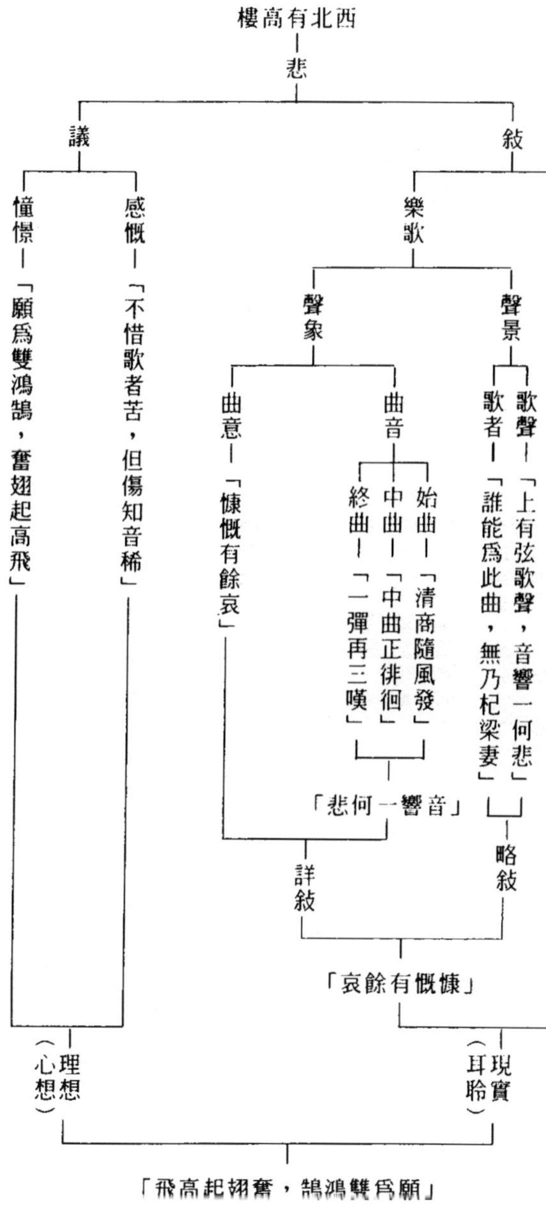
西北有高樓
悲
議
敘
憧憬
「願為雙鴻鵠，奮翅起高飛」
感慨
「不惜歌者苦，但傷知音稀」
樂歌
聲象
曲意
「慷慨有餘哀」
曲音
始曲
「清商隨風發」
中曲
「中曲正徘徊」
終曲
「一彈再三嘆」
「音響一何悲」
詳敘
聲景
歌聲
「上有弦歌聲，音響一何悲」
歌者
「誰能為此曲，無乃杞梁妻」
略敘
高樓
粗眺
「西北有高樓，上與浮雲齊」
細看
「交疏結綺窗，阿閣三重階」
樓景
「慷慨有餘哀」
理想（心想）
現實（耳聆）
「願為雙鴻鵠，奮翅起高飛」

陸、涉江采芙蓉

涉江采芙蓉，蘭澤多芳草。采之欲遺誰，所思在遠道。
還顧望舊鄉，長路漫浩浩。同心而離居，憂傷以終老。

注釋

1.〔涉江采芙蓉〕：渡過江水採摘蓮花。涉：音ㄕㄜˋ，徒步渡水。采：通「採」。芙蓉：蓮花。

芙蓉：又名芙蕖、菡萏。菡萏：音ㄏㄢˋ ㄉㄢˋ。

2.〔蘭澤多芳草〕：水邊澤地有很多芳香的蘭花。澤：聚水之處。芳草：指蘭花。

3.〔采之欲遺誰〕：遺，音ㄨㄟˋ，贈送。之，指花。欲：將、想。

4.〔所思在遠道〕：所思念的人在遙遠的地方。所思：即「所思之人」。遠道：遠方，指「舊鄉」。

「采之欲遺誰，所思在遠道」句，詩由採花的喜，轉為無法貽贈的悲。下文均從「所思在遠道」句開啟。

5.〔還顧〕：回頭看。還、顧：同義複詞。還：音ㄏㄨㄢˊ。

6.〔舊鄉〕：故鄉。

「遠道」與「舊鄉」：均指故鄉而言。

7.〔漫浩浩〕：即「漫漫浩浩」，路途遙遠，沒有盡頭。漫：音ㄇㄢˋ，遠也。浩浩：水勢廣大的樣子；此以物性相擬，轉化而成「路途遙遠」的意思。

「還顧望舊鄉」，就人主觀的遠眺而言；「長路漫浩浩」，則就路客觀的距離而言。

8.〔同心〕：即「一心」，心相契合。

9.〔離居〕：分離居住。

10.〔憂傷以終老〕：憂愁感傷而終其一生。以：而，連詞。終老：終生。

語譯

渡過江水採摘蓮花，水邊澤地也有很多芳香的蘭花。採花將送給誰呢？所思念的人在遙遠的地方。回過頭來眺望故鄉，路途遙遠沒有盡頭。心相契合卻分離住在兩地，憂愁感傷而終其一生。

分析

亭立脫俗的芙蓉，濃郁芳香的蘭草，是貽贈佳人的禮品，也是表明心跡最好的證物，所以雖然必須涉江，作者仍然滿懷喜悅。但因闊別兩地，路遠難以致之，所以作者由喜轉悲，在還顧舊鄉、憂傷無法聚首之餘，寫下了這首遊子客居異地、思念佳人，卻無法相聚的懷人之歌。

本詩因心有其人而涉江採花，因心繫其人而遠眺故地，因心想其人而長懷憂傷；遊子漂泊在外的心，始終思念獨處家中的人，所以「采之欲遺誰，所思在遠道」的「思」字，正是全詩的詩眼。本詩寫作的動機與鋪展的文字，都以「思」字為其基點。全詩可以分為敍述與抒情兩大部分：

前部：敍述；以採芙蓉、蘭草起興，以將貽贈佳人、佳人卻在遠方，引入相思的情愁之中。前部又可分為兩節：

一、採花—敍喜：「涉江采芙蓉，蘭澤多芳草」：實寫；以芙蓉、蘭草起興，開啟詩端，敍其採花的情形。芙蓉與蘭草長在江中，長在水邊澤地，必須涉江才能採到。遊子在下意識裡不假思索，只因心裡始終懸念著佳人。

詩以「涉江采芙蓉」起筆，暗示遊子時時心存佳人，所以看到芙蓉，馬上毫不猶疑的渡過江去。

詩以「涉江」的「涉」字，不是隨手可得，而須涉水而過，暗示遊子採花的苦，但苦中卻有無限的喜悅。以「多芳草」的「多」字，遍地都是芳草，可以恣意採折，暗示遊子採花的喜，因採花是為了貽贈佳人。

詩以「芙蓉」脫俗的美，象徵佳人的容貌，以「蘭草」濃郁的香，象徵佳人的性情；所以明陸時雍古詩鏡才有「落落語致，綿綿情緒」的讚語。

二、贈花─敍悲：「采之欲遺誰，所思在遠道」：虛寫；以設問自答的方式承上啟下，從上文採花的喜翻轉文意，引入下文因無法貽贈而產生的悲。

從「采之欲遺誰」，以設問直承上文，敍及「所思在遠道」，以自答總啟下文，這是過峽。

從採之欲贈佳人、蘭澤「多」芳草的喜，敍及佳人在於遠道，欲贈卻無法致之的悲，這是關鍵。

從芙蓉、蘭草的「物」，敍及遠在異地的「人」，這是換意。

從眼前的江邊、客觀的描寫，敍及遠道的故鄉、心裡的想念，這是拓境。

遊子採花時，並未想到佳人現在何處；等到採好花後，猛然發現佳人遙遙相隔，不禁頓時悲從中來。因此「所思在遠道」的「遠道」二字，總啟了下文所有的情思。

後部：抒情；因乖隔兩地、路途遙遠而引發無奈的愁傷。後部又可分為兩節：

一、情境：「還顧望舊鄉，長路漫浩浩」：實寫；直承上文「所思在遠道」的「遠道」二字而來，敍其眺望故鄉的情形。「還顧望舊鄉」是概略、泛泛的看，「長路漫浩浩」則是具體、詳細的看。「漫浩浩」，即漫漫浩浩，疊用之後，距離更寬闊、更遙遠了。

因「採」芙蓉而「思」遠道的人，因「思」人而「顧」念舊地的鄉，因「顧」鄉而眺「望」回鄉的路，因「望」路而知人在天涯；在緊湊相銜的字句裡，遊子懷人的心情，似乎可觸可感。

因「遠道」實在太遠，只用「長路」無法形容，所以把本意水勢盛大、寬廣無際的「浩浩」，移來描寫路的長遠，屬於以物性相擬的轉化修辭。

因為所思的「遠道」，過於空泛，無法表達濃烈的情感，所以下文從人主觀的「顧望」，與路客觀的「浩浩」蓄積文勢，使詩在「長路漫浩浩」的激情之下，陡然跌出下文「同心而離居，憂傷以終老」的無奈之情。

以字面不同，但其意指則無二致的「遠道」、「舊鄉」、「長路」，抒發內心深切的想念，詩文頗有反覆低吟的趣味。

二、心境：「同心而離居，憂傷以終老」：虛寫；以各居一地、難以聚首的感嘆總結全詩，使詩不但悵然若失，而且愴然可悲。

「同心而離居」，敍牽攣乖隔，是原因；「憂傷以終老」，敍會面無期，是結果。「同心」是內在的心理，「離居」是外在的處境，「憂傷」則是內外無法一致的矛盾；「憂傷」加上「終老」二字，至死方休、不死不停的無奈，聲聲從紙面上傳了過來。

就筆法而言，一、二兩句實寫涉江採花，三、四兩句虛寫思念佳人，五、六兩句實寫遠眺故鄉，七、八兩句虛寫心裡的憂傷；詩在兩次虛實相間的筆法之中，主題愁憂的情與景，早已渾然契合在一起了。

就內容而言，一、二兩句寫物，三、四兩句寫人，五、六兩句寫境，七、八兩句寫心；詩在物與人、境（物）與心（人）的反覆之下，情感也一層深似了一層。

「涉江采芙蓉，蘭澤多芳草」，化用楚辭招魂「皋蘭被徑兮斯路漸」句；「采之欲遺誰，所思在遠道」，化用九歌山鬼「被石蘭兮帶杜衡，折芳馨兮遺所思」句；「還顧望舊鄉，長路漫浩浩」，化用楚辭「路曼曼其脩遠兮」句；「同心而離居，憂傷以終老」，化用楚辭「何離心之可同乎」句；以楚辭的情調，敍個人的情思，是本詩足以感人的原因之一。所以李因篤以為「離騷千言，括之略盡」，的確如此。

本詩從喜到悲，從採、思、顧、望到憂傷，逐層加深筆墨，逐句深刻情感；文字看似平淡，愁思卻已濃得無法化開。以「長路漫浩浩」抒發沸騰的激情後，馬上以「憂傷以終老」沉入無奈的深淵裡，使詩的主題不但鮮明，而且突出；這是作者高明的手法，也是遊子情深之處，不得不發的真情。

批評

為了深刻主題、鮮明意象或表達個人濃烈的情思，而以相同或類似的字句、語詞、筆法、事例，一再表達特定的意思，叫做反覆。反覆以深化、廣化題意的方法很多，如就「涉江采芙蓉」一詩論其方法，則有下列五種：

一、同意反覆：以意思相同或類似的字眼疊在一起，或把此等字眼分別植入不同的文句之中，可以增加聲韻的美感，並豐富詩文的意象。如本詩「涉江采芙蓉」的「采」與「采之欲遺誰」的「采」字，反覆置於前後兩句，遊子采的動機與采的意象，清晰可見。

二、同質反覆：以性質相同或類似的事物，反覆用於行文之上，不但可以避免字面重複的情形，而且還能營造低迴不去的波蕩效果。如本詩「所思在遠道」的「遠道」，與「長路漫浩浩」的「長路」兩句，「道」與「路」、「遠」與「長」，性質相同，均以路途遙遠，敍其不得返鄉的悲情。

三、同指反覆：特定的意思或企想，卻以不同的字句表達出來，不但能夠強化詩文的意思，而且還能活化通篇的文字。如本詩「所思在遠道」的「遠道」，與「還顧望舊鄉」的「舊鄉」，均指故鄉而言；但距離的「遠」與心理的「舊」，已將故鄉的情，寄託在路途的那一端了。

四、同情反覆：濃烈的情感無法一筆宣洩，而以兩句、三句、甚至數節的文字表抒，使情感在淺斟低唱裡，得以盡數的傾吐。如本詩「所思在遠道」，是繫念遠在故鄉的佳人；「同心而離居」，是對故鄉佳人的懷想；情深之處，一句怎能說盡心中的苦楚？

五、同形反覆：不以字面、不以語意，而在形式上採用相同的筆法，反覆敍寫心裡的情志，可使詩文具有逐步加強或抑揚頓挫的效果。如本詩一、二兩句，實寫採花的情形，三、四兩句虛寫心中的想念，五、六兩句實寫遠眺的惆悵，七、八兩句則以虛寫敍其不盡的憂傷。全詩在虛實相間、情景相融的反覆裡，廣度與深度都具備了。

反覆並非重複；反覆係以作者的情思為主，疊用相同的語詞以纏綿詩文的韻味，或採入類似的字句以靈動詩文的氣氛。因此反覆一法，時常出現在抒情的詩文上，尤其是詩！

（孔孟月刊四七三期、二〇〇二年一月）

分析表

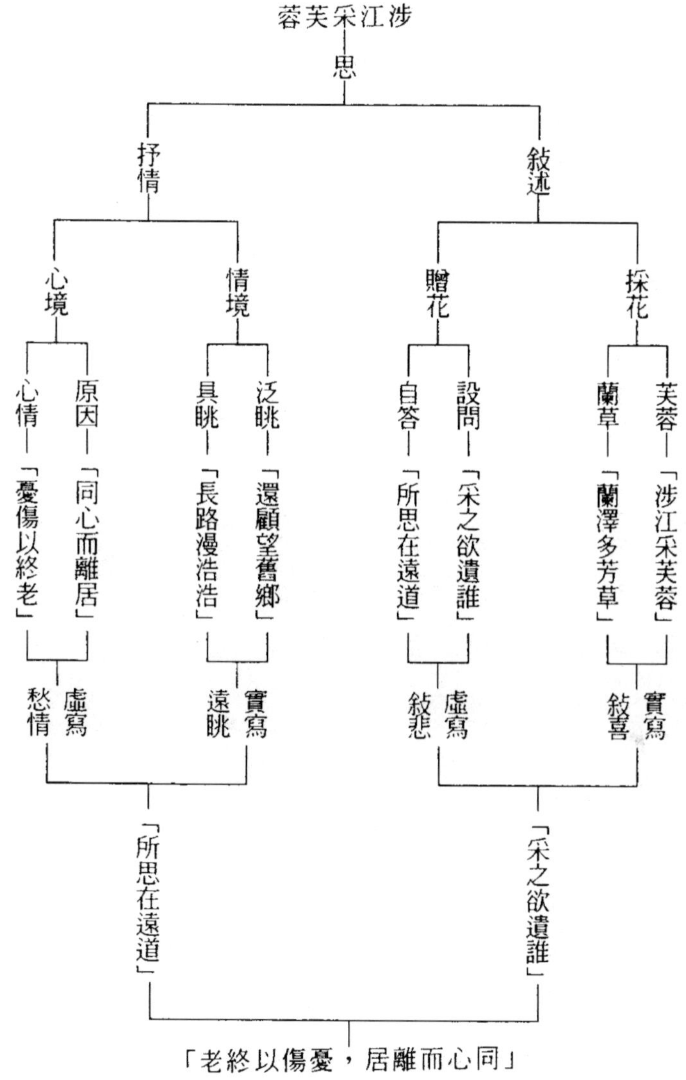
涉江采芙蓉
思
抒情
敍述
心境
情境
贈花
採花
原因
心情
泛眺
具眺
設問
自答
芙蓉
蘭草
「同心而離居」
「憂傷以終老」
「還顧望舊鄉」
「長路漫浩浩」
「采之欲遺誰」
「所思在遠道」
「涉江采芙蓉」
「蘭澤多芳草」
虛寫
愁情
實寫
遠眺
虛寫
敍悲
實寫
敍喜
「所思在遠道」
「采之欲遺誰」
「同心而離居，憂傷以終老」

柒、明月皎夜光

明月皎夜光，促織鳴東壁；玉衡指孟冬，眾星何歷歷。
白露沾野草，時節忽復易；秋蟬鳴樹間，玄鳥逝安適？
昔我同門友，高舉振六翮；不念攜手好，棄我如遺跡。
南箕北有斗，牽牛不負軛；良無盤石固，虛名復何益！

注釋

1. 〔明月皎夜光〕：即「夜明月光皎」，夜裡的明月皎潔光明。皎：潔白；指月之白、月明的樣子。
   詩經陳風月出：「月出皎兮，佼人僚兮，舒窈糾兮，勞心悄兮。」因皎白的月而起愁思，正是本詩化用陳風的目的。
2. 〔促織鳴東壁〕：即「促織（於）東壁鳴」，蟋蟀在東邊的牆下鳴叫。促織：蟋蟀。

因立秋趣（促）織而鳴（春秋考異），故名促織。東壁：東邊的牆壁，因向陽較暖和，故鳴東壁。

3.〔玉衡指孟冬〕：北斗七星的斗柄，指向孟冬方位的亥宮，時在仲秋八月、夜半之後的三、四點鐘之間。玉衡：北斗七星的第五顆星。孟冬：冬季的第一個月，即十月；孟：如從上文「明月皎夜光，促織鳴東壁」句看來，則知時令應在仲秋；孟冬並非實指時令，而是指星空北北西方的亥宮位置，時間應在半夜之後，清晨三、四點鐘左右。

北斗七星，屬於大熊星座，依次為一至四星的斗魁（璇璣）：一天樞、二天璇、三天璣、四天權；五至七星的斗柄（斗杓）：五玉衡、六開陽、七搖光（瑤光）。古以地支把天晝為十二宮，以北斗為指針標示孟春、仲春、季春等十二季節。並因地球自轉而把北斗星一夜晝為三分。即入夜以一星天樞、夜半以五星玉衡、天明之前以七星搖光指示的方位，做為觀察方位的指標。所以首句「明月皎夜光」與四句「眾星何歷歷」、星月交輝的情形，如果不是孟秋、仲秋下半月的下弦月，就不可能同時存在。準此，「玉衡指孟冬」是指星空流轉的方位，此時已經移到亥宮之上。馬茂元古詩十九首探索說：「結合上下文看，詩中所寫都是仲秋八月景象，這句更標明具體之時刻正當夜半與天明之間。仲秋八月，玉衡夜半指酉，但現在已過夜半兩三個時辰，玉衡漸移向西北，經戌宮向亥宮。」

4.〔眾星何歷歷〕：諸多的星星多麼的燦亮分明。何：多麼。歷歷：分明的樣子。

5.〔白露沾野草〕：白色的露水沾溼原野的草木。白露：白色的露水；此指白露節，二十四節氣之一，時在舊曆秋天的七、八月之間。沾：潤溼。

6.〔時節忽復易〕：季節很快的又轉換了。時節：此指季節。忽：速也。復：又。易：轉換、改變。

7.〔秋蟬鳴樹間〕：深秋的蟬在樹林之間鳴叫。

8.〔玄鳥逝安適〕：燕子飛走，將到那裡去呢？玄鳥：燕也。逝：往也。安：何。適：往也。

9.〔昔我同門友〕：我從前同在師門受業的朋友。同門：同學、同一師門受業的人。周易兌卦疏云：「同門曰朋。」鄭玄周禮注云：「同師曰朋，同志曰友。」

10.〔高舉振六翮〕：即「振六翮高舉」，振動翅膀，展翼高飛；意指飛黃騰達、青雲直上之意。舉：飛也。振：奮也。六翮：翅膀。翮：音ㄍㄜ，鳥羽的莖，俗稱羽管或翎管。戰國策：「奮六翮而凌清風。」劉履云：「振，奮也。翮，鳥之勁羽。凡鳥之善飛者，皆有六翮。」

11.〔不念攜手好〕：不顧念攜手友好的朋友。攜手：手拉著手，有友好同心之意。

詩經邶風北風：「惠而好我，攜手同行。」

12.〔棄我如遺跡〕：拋棄我好像走路時留在地上的足跡。遺跡：走路時留下的腳印。

13.〔南箕北有斗〕：南有箕星，卻不能揚末去糠；北有斗星，卻不能舀取酒漿；意謂虛有其表。此指徒有攜手同好、同門師友之名，卻無相互扶持、同甘共苦之實；象徵修辭。箕、斗：二十八宿之一，夏秋現於南方，箕在南而斗在北，故有南箕北斗之稱。箕：箕星，計有四顆，因形似箕而得名。斗：南斗星，因形似斗而得名。詩經小雅大東：「維南有箕，不可以簸揚；維北有斗，不可以挹酒漿。」

14.〔牽牛不負軛〕：牽牛星不架著橫木拉車。牽牛：二十八宿之一，有星六顆，俗稱牛郎星，隔銀河與織女星相對。負軛：駕車、拉車。軛：音ㄜ，車前架在牛馬頸上的橫木。

15.〔良無盤石固〕：實在不能像盤石一樣的堅固；譬喻修辭。良：信也、實在。盤石：大石。固：堅固。

漢孔雀東南飛：「君當作磐石，妾當作蒲葦。蒲葦紉如絲，磐石無轉移。」「磐」與「盤」同。

16.〔虛名復何益〕：徒有同門之名，又有什麼意義呢？虛名：徒有其名，指同門之名。虛：徒然。益：好處、意義。

語譯

夜裡的明月皎潔光明，蟋蟀在東邊的牆下鳴叫；北斗七星的斗柄指向孟冬方位的亥宮，諸多的星星是多麼的燦亮分明。白色的露水沾溼原野的草木，時節很快的又轉換了；深秋的蟬在樹林之間鳴叫，燕子飛走將到那裡去呢？我從前同在師門受業的朋友，如今已經振動翅膀展翼高飛了；不顧念攜手友好的朋友，拋棄我好像走路時留在地上的足跡。南有箕星卻不能揚末去糠，北有斗星卻不能舀取酒漿，牽牛星也不架著橫木拉車；實在不能像盤石一樣的堅固，徒有同門之名又有什麼意義呢？

分析

伯牙、鍾子期因音樂而結成知音，至死不渝；管仲、鮑叔牙因彼此相知而以恩相待，情誼深厚；廉頗、藺相如因同赴國難而不分你我，生死與共；吳祐、公孫穆因齊心向學而定情杵臼，傳為美談。獨獨詩人遇友不善，徒有同門之名，卻無相互扶持之實；眼見個個飛黃騰達，卻從來不念攜手之好。於是在不得於朋友、不得不怨於心的秋夜，寫了這首有感而發的作品。

明月皎夜光一詩，因昔友「不念攜手好」、「棄我如遺跡」而心生感慨，而以象徵的筆法，敍其由衷的情懷。所以本詩係以「棄我如遺跡」的「棄」字為其詩眼，鋪展而成。詩分三部：

首部、敍述：以眼前所見的秋夜情景，引發物換星移、友人離棄的抑鬱情懷。前部又分兩節：

一、天景：以隨意看到的明月與星星為其主景，又分兩小節：

㈠明月：「明月皎夜光，促織鳴東壁」：首句以「夜」字明示時間—晚上，而且是有「明月」的晚上；次句以「促織」暗示時令秋天，而且是天氣轉涼、蟋蟀只好向東鳴叫的秋天。「明月」的「明」與「皎夜光」的「皎」，均有皎白之意；一句連用兩個形容字詞，可以強化仲秋夜下，明月清冷的情形。「促織」向東鳴叫，只因天氣漸冷，所以時令不但屬秋，而且應該不是夏季剛過的秋天。

詩經陳風月出：「月出皎兮，佼人僚兮，舒窈糾兮，勞心悄兮。」由於皎白的明月而起詩情，正是本詩化用陳風的目的。春秋考異：「立秋趣（促）織鳴。」趣織以鳴叫催促女功，聞者怎能不勤於事呢？這是以事命名警惕的效果。

㈡星星：「玉衡指孟冬，眾星何歷歷」；首句以北斗七星的斗柄，指向孟冬方位的亥宮，暗示時令屬於秋季；次句以群星燦爛，竟與明月並存於天上，暗示此時正是秋天下半月的下弦月時。

古以地支把天畫為十二宮，以北斗為指針標示正月、一月、二月等十二月分；並因地球自轉而把斗星一夜畫為三分，即入夜以一星天樞、夜半以五星玉衡、天明之前以七星搖光指示的方位，做為觀察的指標。所以首句「明月皎夜光」與四句「眾星何歷歷」星月交輝的情形，如果不是孟秋或仲秋下半月的下弦月時，就不可能同時存在。準此，「玉衡指孟冬」是指星空流轉的方位，此時已經從「玉衡夜半指酉，但現在已過夜半兩三個時辰，玉衡漸移向西北，經戌宮向亥宮」（馬茂元古詩十九首探索）的仲秋八月，夜半過後的清晨三、四點鐘之間。

首句「明月皎夜光」明示時間，次句「促織鳴東壁」暗示時令，三句「玉衡指孟冬」暗示時令，四句「眾星何歷歷」明示時間。詩以明示與暗示、時間與時令兩相交錯的方式構組成詩，詩在描寫之中也有不少的趣味。

二、地景：以靜態與動態兩節文字，敍眼所見、情所感、耳所聞、慮所及的景物：

㈠靜態：「白露霑野草，時節忽復易」：詩人把舉頭望月、環視星空的眼睛，俯視露水滿天、沾潤草木的原野，動作看似無意，卻是佇足徬徨、若有所感的心裡反應。因此待其定下心來，察覺「時節忽復易」時，惆悵失意之情，不禁油然而生，所以才會寫下「秋蟬」與「玄鳥」兩句文字。

「白露霑野草」句，「白露」一指景物，一指季節；「野草」叢生的「原野」，則指詩人所在之處。「時節忽復易」的「忽」字，與「復」、「易」兩字連用，不但暗示歲月匆匆，而且強烈表達時光流逝、未能得志無奈的心情。

㈡動態：「秋蟬鳴樹間，玄鳥逝安適」：首句直敍；從「秋蟬」可以得知「玉衡指孟冬」的「孟冬」二字，係指方位亥宮的秋令。次句反詰；從「安適」可以得知本詩為何主題就在「棄」字之上。促織鳴於東壁、秋蟬鳴於樹間，在一片秋聲之中，自然會有歲月易得的感慨。「玄鳥逝安適」句，在「逝」與「適」的「往」意之中，嵌入一個「安」字，何去何從的意象，頗為清楚。

前部就景而言，有天上、有地下，有明月、有星星；就物而言，有蟋蟀、有秋蟬，有玄鳥、有草露。景物雖然繁雜，但作者卻以交錯的筆法，分做兩節敍述；最後才以「玄鳥逝安適」句，明寫玄鳥不知飛向何處，暗寓自己茫然不知所歸收束所有文字，並開啟下文追憶怨艾的詩句，條理不但清晰，而且似乎可以目睹。

中部：抒情；以今昔兩相排並、人我彼此交錯的方式，抒發被棄的愁怨。詩分兩小節：

一、友境：「昔我同門友，高舉振六翮」：首句「昔我同門友」敍我的關係，次句「高舉振六翮」敍友的現況。筆鋒由景入情，由物折進人的感觸。「同門」又加「友」字，既是同學，又是朋友；以情誼不可謂之不深，預為下文棄如遺跡埋設了伏筆。「高舉」又加「振」字，不但高飛，而且是奮翅的高飛，以象徵辭法極寫友人飛黃騰達的情形，預為下文棄如遺跡說明了原因。

二、友情：「不念攜手好，棄我如遺跡」：首句是棄我的原因，次句則是棄我的情形。「不念攜手好」句，以「攜手」具體敍其友好；「棄我如遺跡」句，以「遺跡」敍其鄙棄不顧的情形；詩在具體的對比反襯之下，詩人的心情已經朗現無遺了。

中部以昔「昔我同門友」、今「高舉振六翮」，友「不念攜手好」、我「棄我如遺跡」昔與今、人與我的手法，錯落而成詩篇。

後部：議論；以二十八宿的箕斗與牽牛之星，寫其有名無實的怨情。詩分兩小節：

一、立論：「南箕北有斗，牽牛不負軛」：連引南有箕星卻不能揚末去糠、北有斗星卻不能舀取酒漿、牽牛之星卻不架橫木拉車三例，徒有同門好友之名，卻無相互扶持之實，預為詩末兩句埋下伏筆。

箕有四星、斗有六星，兩星均因形似而得名，夏秋之際時常出現在南方。牽牛有星六顆，俗稱牛郎星，與箕、斗同屬二十八宿之一。

「南箕」與「北有斗」句中排並之後，整句又與「牽牛不負軛」並排，做為議論主題「良無盤石固，虛名復何益」的引子，詩在怨責之中，仍有婉曲的敦厚。

二、主題：「良無盤石固，虛名復何益」：從眼前的景物抒發內心的情感，從內心的情感引出深刻的體會，並以「虛名無益」的深刻體會總結全詩，使詩在墨色愈來愈濃、情緒愈來愈漲的高點結束後，留給讀者讀來不但為他不平，而且因他而深深警惕的省思。「良無盤石固」的「盤石」，既指友情，也暗示友人的無情。尤以穩固不移的「盤石」，與浮華不實的「虛名」兩相對比，更是叫人不得不生感觸。

前部首句明示時間、次句暗示時令、三句暗示時令、四句明示時間，明示與暗示、時間與時令相互穿梭；中部五句敍眼所見的事物、六句敍情所感的時空、七句敍耳所聞的聲音、八句敍慮所及的情思，外在與內在的所見所感、所聞所思彼此織結；中部九句寫昔日的關係、十句寫如今的友況、十一句寫友人的心態、十二句寫自己的處境，昔與今、人與我各自對舉；後部十三句句中排並之後，整句又與十四句並排，十五句以自己的情操，與十六句友人的虛名對比。詩在明月、促織、玉衡、眾星、白露、野草、秋蟬、樹木、玄鳥、箕斗、牽牛與盤石的景物之中，行文似乎有些零亂；但如果仔細的分析，則知作者全以錯落的筆法構想，完成之後的詩作也錯落有致，誰說這只是一篇自由聯想、隨意填寫的作品呢？

批　評

象徵除了具有象徵的事物、象徵的意念之外，還得藉由人的聯想才能完成。因此用來象徵的事物與意念之間，必須保持適當的距離，才能表達出明確的意思，以免因為距離太近而有如譬喻，距離太遠而使讀者不知所云。如就「明月皎夜光」一詩論其象徵的方法，則有下列五種：

一、以形象徵：藉由相似或具有特殊意義的形貌，象徵某一抽象的意念，叫做以形象徵。如本詩「南箕北有斗」的箕星與斗星，取其形似箕斗卻不能用來揚末舀酒，象徵有名無實的情形。

二、以名象徵：只取其名，並無其實，經由讀者聯想的作用，而達到象徵的效果，叫做以名象徵。如本詩「牽牛不負軛」的「牽牛」二字，係指牽牛星。牽牛星既然是星，當然不能負軛；但作者卻以其名「牽牛」，理應負軛，象徵虛有其名之意。

三、以象象徵：有時取其意象、有時取其境象做為象徵的主體，藉以抒寫心中的意念，叫做以象象徵。如本詩「棄我如遺跡」句，以「遺跡」的象，敍其遺棄的情形，意象頗為鮮明。

四、以意象徵：以某種共同賦予或讀者可以理解的意涵，象徵某一特殊的意念，叫做以意象徵。如本詩「高舉振六翮」句，奮起翅膀、展翼高翔的意思，早與飛黃騰達、青雲直上的意念相合；兩者之間，並沒有太遠的距離。

五、以質象徵：以物的質做為人的意，因約定俗成而將兩者結合起來表意，叫做以質象徵。如本詩「良無盤石固」的「盤石」二字，象徵穩定不移的情誼，讀者早已習以為常。

譬喻是由主體、喻體與喻詞三者組合而成；象徵則在主體、喻體之外，以聯想取代譬喻的喻詞。因此象徵須在主體與喻體之間，保持適當的距離，才能寫出句意雙美的詩文。

（孔孟月刊四七四期、二〇〇二年二月）

分析表

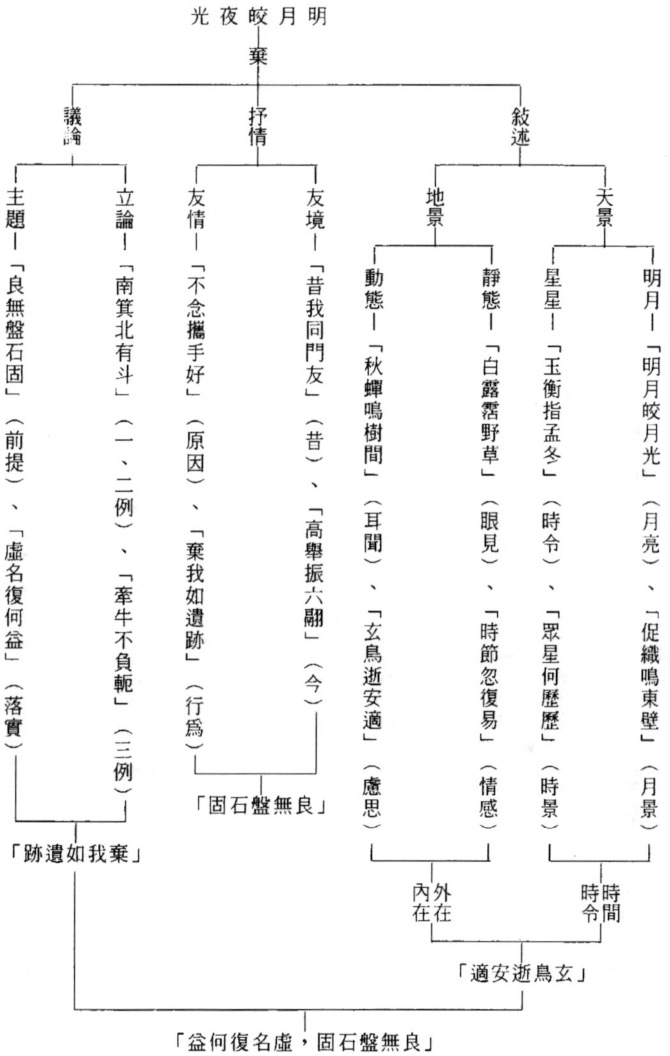

明月皎夜光
棄
敘述
抒情
議論
天景
地景
友境
友情
立論
主題
明月—「明月皎月光」（月亮）、「促織鳴東壁」（月景）
星星—「玉衡指孟冬」（時令）、「眾星何歷歷」（時景）
靜態—「白露霑野草」（眼見）、「時節忽復易」（情感）
動態—「秋蟬鳴樹間」（耳聞）、「玄鳥逝安適」（慮思）
時間
時令
外在
內在
「玄鳥逝安適」
友境—「昔我同門友」（昔）、「高舉振六翮」（今）
友情—「不念攜手好」（原因）、「棄我如遺跡」（行為）
「良無盤石固」
立論—「南箕北有斗」（一、二例）、「牽牛不負軛」（三例）
主題—「良無盤石固」（前提）、「虛名復何益」（落實）
「棄我如遺跡」
「良無盤石固，虛名復何益」

捌、冉冉孤生竹

冉冉孤生竹，結根泰山阿。與君為新婚，菟絲附女蘿。菟絲生有時，夫婦會有宜。千里遠結婚，悠悠隔山陂。思君令人老，軒車來何遲！傷彼蕙蘭花，含英揚光輝；過時而不采，將隨秋草萎。君亮執高節，賤妾亦何為？

注釋

1. 〔冉冉〕：柔弱下垂的樣子。冉：音ㄖㄢˇ，柔弱。
2. 〔結根泰山阿〕：結根，生根、定根。泰山：大山。泰：同「太」，大也。阿：山或水的曲隅，即彎曲之處。

冉冉孤生竹：指自己未嫁之前孤獨無依的情形。結根泰山阿：指自己託身丈夫信任的情形。

3.〔與君為新婚〕：為，是。新婚：新近結婚，指結婚不久。

4.〔菟絲附女蘿〕：菟絲，旋花科，莖細如絲，夏秋開白色小花。女蘿：地衣類，莖多細枝，體呈黃綠色，兩者都是蔓生、寄生的植物。菟絲有花，此指自己；女蘿無花，此指丈夫。附：依附、攀附。

5.〔菟絲生有「時」〕：定時、固定的時間。

菟絲附女蘿：意指託身丈夫，有兩情相悅之意。

6.〔夫婦會有宜〕：會，相會、相聚。宜：適宜的時間。

以植物菟絲生而有時，類比夫婦應能聚在一起。

7.〔千里遠結婚〕：兩人遠從千里而結成婚姻；此指結婚不易。

8.〔悠悠隔山陂〕：悠悠，遙遠的樣子。山陂：泛指山水。陂：音ㄆㄛ，山坡。又，文選呂向注：「陂，水也。」

千里遠結婚：極寫結婚的不易。悠悠隔山陂：極寫相距的遙遠。

9.〔軒車來何遲〕：軒，前頂較高而有帷幕的車子，大夫以上的乘車。班固白虎通車旂：「諸侯路車，大夫軒車。」來何遲：即「何來遲」，為何回來得這麼慢！

軒車來何遲：意指丈夫遠赴異地求取功名，久久未歸而女子思之。

10.〔傷彼蕙蘭花〕：傷，感傷。彼：那。蕙蘭，爾雅：「一幹一花而香有餘者蘭，一幹數花而香不足者蕙。」女子此以「蕙蘭」自比。

11. 〔含英揚光輝〕：含英，花含苞待放。含：隱而未露。英：花也。爾雅：「木謂之華，草謂之榮。」「榮而不實者謂之英」。揚：顯露、綻放。光輝：光采。含英揚光輝：女子自言盛顏之時。

12. 〔過時而不采〕：過時，逾越花期。時：時期，此指花期。而：卻。采：採。

13. 〔萎〕：音屋ㄨㄟ，枯萎、凋謝。過時而不采：意指丈夫遲遲不歸，未能朝夕相處。將隨秋草萎：意指年華必將老去。

14. 〔君亮執高節〕：相信您能堅持忠貞的節操。君：指丈夫。亮：信也。執：堅持、執持。高節：高尚的節操，此指忠貞不渝的情誼。

15. 〔賤妾亦何為〕：賤妾，已婚女子自稱之詞。何為：何必如此作為，即何必愁傷之意。

語譯

柔弱下垂、孤獨生長的竹子，把根結在大山的曲坡上。我和你是新近結婚不久，有如菟絲花依附在女蘿草上。菟絲生長有固定的時候，夫婦相聚也有適宜的時間。兩人遠從千里而結成婚姻，婚後卻被遙遠的山水隔開了。思念你使我漸漸衰老了，你回來的軒車為何這麼慢呢！感傷那芬芳的蕙花、蘭花，含著花苞正綻放著光采；逾越花期卻不採摘，將隨著秋天的花草而枯萎了。相信您能執持忠貞不渝的情誼，我又何必如此的愁傷呢？

分析

「君為女蘿草，妾做菟絲花；百丈託遠松，纏綿成一家」（李白詩），是女子託身良人，期能白首偕老的心願；「燕草如碧絲，秦桑低綠枝。當君懷歸日，是妾斷腸時」（春思），是良人遠赴異地，閨婦觸景感傷的情懷；「早晚下三巴，預將書報家。相迎不道遠，直至長風沙」（長干行），則是良人闊別已久，其妻渴盼早日歸來的心情。相許、相合、相離、相思、相期，正是古代征夫思婦一類作品的主題。

「冉冉孤生竹」一詩，以新婚久別為其主題，敍遠從千里而結連理，如今卻仍遠隔千里無盡的愁思。所以本詩是以「思君令人老」的「思」字為其詩眼，將「菟絲生有時」，為何夫婦會無宜；「過時而不采，將隨秋草萎」的心情，原原本本的呈現在紙面之上。

詩分三部：

前部：情境—相合：以追敍的筆法，敍從前與君結婚的情形與心情。前部又分兩節：

一、情形：「冉冉孤生竹，結根泰山阿」：敍結婚的情形。首句自憐未嫁之前、孤獨無依的身世。「孤生」的竹子，是女子孤單的寫照；「冉冉」的枝葉，則是女子柔弱的身影。「冉冉」與「孤生」二詞，不但相映成趣，且已鉤勒女子簡單的生平。次句白言已嫁之後，託身得宜的喜悅。大山崇高而又穩固；結根泰山之阿，不但身有所託，而且可以託得穩當。女子由憐而幸，由悲而喜；短短兩句，道盡女子複雜的感受。

「冉冉孤生竹」句，以孤生之竹比喻自己，屬於譬喻修辭中、省略主體與喻詞的借喻格。「結根泰山阿」句，以具體的結根敘其相合；以泰山之阿穩固不移，敘其可靠的良人，則是詩文時常採用的象徵修辭。以譬喻言其身世，意象具體而又鮮明；以象徵言其託付得宜，意念清楚而又突出。

二、心情：「與君為新婚，菟絲附女蘿」：敘婚後的心情。首句明示處境—新婚，預為下文相思的難堪鋪設情境。次句以菟絲、女蘿相互纏繞，象徵兩人情好如蜜，並暗示自己對於婚姻的憧憬。

「與君為新婚」直承上文「結根泰山阿」句，將象徵意念明白的敘寫出來；「菟絲附女蘿」把直接敘述的「與君為新婚」句，再以象徵的手法加以強化描寫，使詩在自喜託付良人、期盼長相廝守之中，上與首句「冉冉孤生竹」的孤苦無依，形成強烈的對比。

中部：處境—相思：以虛實相間的筆法，敘婚後因相離而相思的情形。中部又分兩節：

一、實寫：從昔千里結褵的不易，與今相隔千里的愁苦中，點出「思君令人老」的「思」字，開啟下面所有的文字。詩分兩小節：

㈠離別：相離的處境，又分兩小節；

1.前提：「菟絲生有時，夫婦會有宜」：以菟絲生長有固定的時期，類比夫婦也能彼此相聚在一起，敘其心中對於婚姻想當然耳的看法，做為離別一節敘述的張本。因為有此想法，因為現實並非如此，所以女子才產生愁憂的情感。

2.現實：「千里遠結婚，悠悠隔山陂」：首句追敘，次句實敘。兩句均以相距遙遠敘其處境，因此詩中的聚，聚得更為高興；離，離得更為悲苦；這是映襯加上誇飾營造出來的效果。

㈡思念：「思君令人老，軒車來何遲」：明示「思」字，並以良人因「軒車」—求取功名而久久未歸，敘其心中強烈的想思。「思君令人老」句，直承上文「悠悠隔山陂」句而來，並開啟下文「傷彼蕙蘭花」四句美人遲暮的感傷。「軒車來何遲」句，則以「遲」字呼應「思君令人老」的「老」字，暗示闊別已久、苦候無著的情形。

「軒車來何遲」是原因，「思君令人老」是結果；詩把結果置於原因之前，只是為了凸顯「思」的原因，並強化「遲」的等待。

「思君令人老」的「老」與「軒車來何遲」的「遲」，均有時光流逝的意思；「千里遠結婚」的「千里」與「悠悠隔山陂」的「悠悠」，均有距離遙遠的意思；「菟絲生有時」與「夫婦會有宜」，均有適當時候的意思。本節連以三組兩句相類的句子，敘寫相離的處境，可使詩在鋪展之中，又有迴環低吟的趣味。

二、虛寫：從實寫的人，引入虛寫的花，並以花將枯萎回應上文「思君令人老」句。詩分兩小節：

㈠今景：「傷彼蕙蘭花，含英揚光輝」：以蕙蘭吐綻光采，敍己正值青春盛顏之時，上與「與君為新婚，菟絲附女蘿」的期盼相應。

㈡來景：「過時而不采，將隨秋草萎」：以花將枯萎，敍己空閨獨守、美人遲暮的情形，並上與「思君令人老，軒車來何遲」的感傷相應。

就單句而言，「冉冉孤生竹」的「竹」，是未嫁之前孤獨的我；「菟絲生有時」的「菟絲」，是已嫁之後憧憬的我；「傷彼蕙蘭花」的「蕙蘭花」，是闊別之後愁傷的我。以「竹」單幹直立言其無所依憑，以「菟絲」相互糾結言其纏綿，以「蕙蘭」香氣濃郁言其青春與摯情，意象頗為鮮明。

就整體而言，敍及有關夫婦的情事，如結成連理的「結根泰山阿」、期盼廝守的「菟絲附女蘿」、感傷處境的「傷彼蕙蘭花」四句，詩人每以象徵的筆法描寫，一來可以寫出新婦羞怯的情感，二來可以把抽象的意念，具體陳述在讀者的眼前。

後部：心境—相期：以良人忠貞不渝自我寬慰，並收束所有的文字。詩分兩小節：

一、敍君：「君亮執高節」：不說自己執有高節，卻言良人忠貞不二，頗能看出思婦衷心的等待與深摯的情感。

二、敍己：「賤妾亦何為」：直承上句而來，以安慰之語自我寬解，以反詰語氣表明自己的心跡，並要求讀者也能如此的相信。

「君亮執高節」的「亮」，如果是肯定的「相信」，則良人的情操不用懷疑；如果是疑詞的「真（果真）」，則思婦的心意似乎有了些許的動搖。「賤妾亦何為」的「何為」二字，就正面而言，是絕對的相信；從反面來說，則是無奈的自解之語。

本詩「菟絲生有時」的「有時」，與「過時而不采」的「過時」相對，敍理想與現實的扞格；「軒車來何遲」的「何遲」，與「賤妾亦何為」的「何為」相對，敍心理與現實的不一；使詩文在兩相矛盾之中，增添了不少感人的愁傷。又，歷經相合、相離、相思與相期的女子，在詩人細膩的刻畫之下，雖然有怨，卻怨而不誹；雖然有愁，卻愁而能解，頗能引起讀者深切的同情！

批評

自謂，自己稱呼自己，即第一人稱代名詞。古人本以「朕」字稱呼自己，至秦始將「朕」字移為帝王專用之詞，人民於是借用原指國族的「我」字，做為第一人稱的代名詞。詩文常以「我」字做為第一人稱敍述的代名詞，但有時為了營造特殊的效果，也以譬喻、轉化、象徵或借代之法代替「我」字。如就「冉冉孤生竹」一詩論其自謂的方法，則有下列四種：

一、譬喻自謂：省略主體、喻詞，而直接以喻體代替「我」字，做為詩文敍述的主體，叫做譬喻自謂。如本詩「冉冉孤生竹，結根泰山阿」句，以喻體「孤生竹」直接做為「我」的代言。

二、象徵自謂：以具體、性質類似，且讀者可以聯想的事物，指稱自己，叫做象徵自謂。如本詩「傷彼蕙蘭花，含英揚光輝；過時而不采，將隨秋草萎」句，就整句而言，是象徵；就「蕙蘭花」而言，則指思婦自己。

三、借代自謂：以其他的語詞代指自己，叫做借代自謂。如本詩「思君令人老，軒車來何遲」句，「思君令人老」的「人」字，係以整體的人類，借指個人的「我」字。

四、謙言自謂：以謙虛之詞做為敍述的主體，叫做謙言自謂。如本詩「君亮執高節，賤妾亦何為」句，古代已婚的婦人，常以「妾」字稱呼自己；「妾」字之前加上「賤」字，更是屬於自稱的謙詞。

除以「我」字直接稱呼自己外，如果為了行文的需要，而以事物或其他的語詞，做為第一人稱的代名詞，也許可使意象更為鮮明，可以得到更好的行文效果！

（孔孟月刊四七五期、二〇〇二年三月）

分析表

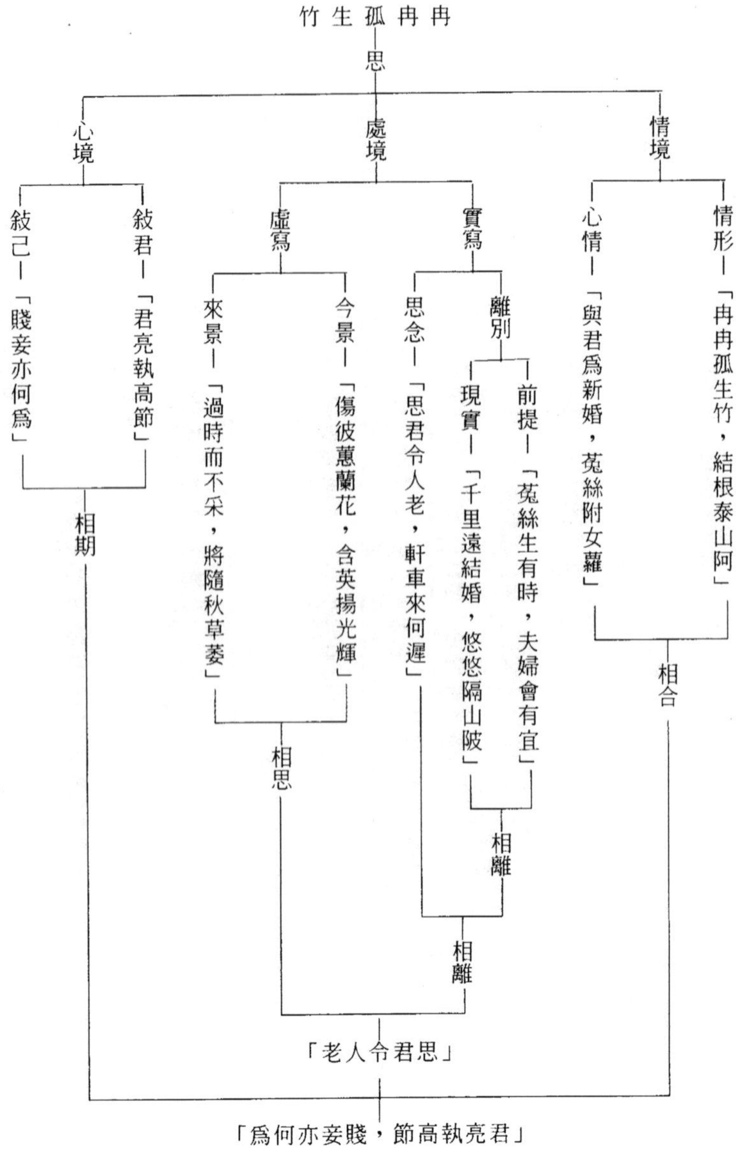
冉冉孤生竹
思
心境
處境
情境
敘己
敘君
虛寫
實寫
心情
情形
「賤妾亦何爲」
「君亮執高節」
來景
今景
思念
離別
前提
現實
「與君爲新婚，菟絲附女蘿」
「冉冉孤生竹，結根泰山阿」
「過時而不采，將隨秋草萎」
「傷彼蕙蘭花，含英揚光輝」
「思君令人老，軒車來何遲」
「千里遠結婚，悠悠隔山陂」
「菟絲生有時，夫婦會有宜」
相期
相思
相離
相離
相合
「思君令人老」
「君亮執高節，賤妾亦何爲」

玖、庭中有奇樹

庭中有奇樹，綠葉發華滋。攀條折其榮，將以遺所思。
馨香盈懷袖，路遠莫致之。此物何足貴，但感別經時。

注釋

1.〔發華滋〕：即「華發滋」，花開得很茂盛。發：開放。華：音ㄏㄨㄚ，即「花」。滋：茂盛的樣子。
2.〔攀條折其榮〕：攀下枝條採摘它的花朵。條：枝條。折：採摘。其：它，指「樹」。榮：與「華」同，均指花。
3.〔將以遺所思〕：將把花拿來送給所思念的人。以：即「以之」，把它拿來。以：用來。遺：音ㄨㄟˋ，贈送。所：助詞，用以顯示「思」字。思：思念的人；借代修辭。
4.〔馨香盈懷袖〕：芳香充滿胸懷和衣袖。馨：音ㄒㄧㄣ，香氣遠聞，即遠播的香氣。盈：

滿。懷袖：胸懷、衣袖。

5.〔路遠莫致之〕：致，送達。之：助詞。

6.〔此物何「足」貴〕：值得。

7.〔但感別經時〕：只是覺得離別已經很久了。但：只。經時：歷久，即經過一段長時間。

語譯

庭院中有一棵珍奇的樹木，綠葉裡花開得很茂盛。攀下枝條折取它的花朵，將把花拿來送給所思念的人。花的芳香充滿胸懷和衣袖，但因路途遙遠而無法送達。這朵花有什麼值得珍貴的呢？只是覺得離別已經很久了。

分析

以花興起全詩，如詩經秦風：「蒹葭蒼蒼，白露為霜，所謂伊人，在水一方。」以花陪襯主題，如李清照聲聲慢：「滿地黃花堆積，憔悴損，如今有誰堪摘？守著窗兒，獨自怎生得黑！」這是用花烘托情境的寫法。以譬喻的手法寫花，如杜牧山行：「停車坐愛楓林晚，霜葉紅於二月花。」以比擬的技巧描摹，如蘇軾紅梅：「怕愁貪睡獨開遲，自恐冰容不入時。故作小紅桃李色，尚餘孤瘦雪霜姿。」這是把花當做主體歌詠的情形。不管主體或烘托，花是古往今來文人筆下不可或缺的素材。

花是季節的代表，是空間的符號，是人格的象徵，是心理的反映。所以「庭中有奇樹」一詩，因見綠樹開花而有所思，而想送給思念的人，而感到兩人相別已久；「但感別經時」的「別」字，正是全詩的詩眼，詩的頭緒、詩的文字均從此一「別」字緩緩流溢出來。詩分三部：

前部：觸景—點出思念；因見庭樹開花而折其榮，而思其人。前部又分兩節：

一、採花：從看到折，三句一氣完成採花的情形。又分兩小節：

1. 觀賞：「庭中有奇樹，綠葉發華滋」：庭中的樹，本來平凡無奇，但因已發華滋而奇；因女子向來並不經意，此刻偶然注意而奇。樹上開花本來就美，花在綠葉之間綻開，更增其美。兩句乍看似乎並無新意，但如細讀，則其平凡之中，自有奇特之處。

2. 折取：「攀條折其榮」；直承上句觀賞而來，敍折取花朵的情形。因見花美而折，折得好像頗為隨意；但在此一動作的背後，卻有無形、且無時不在的情思，所以下句才有「將以遺所思」的懷想。又，爾雅：「木謂之華，草謂之榮。」兩者此處均指庭樹的花朵，只是為了避免重複用字而加以變化罷了。

從粗覽樹整體的形貌，而細看綠葉之間綻放的花朵，而動手折取枝條上的花，詩的描寫自然而富條理。

二、思念：「將以遺所思」：收上啟下；收束上文折花一節，並開啟下文所有思念的文字。上文看似隨意的採花動作，此句一語揭明之後，詩句馬上由物而轉入於人。

涉江采芙蓉的「涉江采芙蓉」句，因須「涉江」，所以是有意的；因「采芙蓉」，所以是水邊的；因「多芳草」，所以俯取即得，不用攀折；因「所思在遠道」，而非「路遠莫致之」，所以是思念者在遠方，不是在家想念遠方的人。以上四句恰與本詩形成有趣的對比。

中部：懷人—點出路遠；從花香滿懷而想贈其人，而感路途阻隔。又分兩小節：

一、近花：「馨香盈懷袖」：花放在懷裡，因此香滿全身；花形、花容、花色、花質不勝枚舉，因此只用「馨香」—芬芳遠聞具體形容花的不俗。由於花朵不俗，因此才有上句「將以遺所思」的想法。

二、遠人：「路遠莫致之」：路遠難以致贈的是花，但心裡難以排遣的卻是情，所以下句才有「此物何足貴，但感別經時」的感傷。

涉江采芙蓉的「還顧望舊鄉，長路漫浩浩」句，又「還顧」，又「舊鄉」，思念之情可想而知；又「長路」，又「浩浩」，返鄉之路實在遙遠。兩句均以強烈的情感，敍其心中無限的渴慕，字字如同跳躍在紙面之上。反觀本詩僅以「路遠莫致之」一語輕輕帶過，言有盡而意無窮。情感孰濃孰淡，一時還真難以分解！

後部：抒情—點出久別；以對比的筆法，敘其久別的感傷。又分兩小節：

一、反說：「此物何足貴」：因路遠而無法致贈，因致贈的是花，而思念的是人，所以女子認為此物並不可貴。

上文從攀條折榮，敍及將遺所思，似乎煞費不少苦心；本句卻以此物並不足貴輕輕帶過。花的貴—欲贈其人，與不貴—思念的是人之間，轉折頗為鮮明。

二、正說：「但感別經時」：點明久別的思念，並收束全詩。詩從「奇樹」的「樹」、「華滋」的「花」、「將遺所思」的「人」，敍及「但感別經時」的「情」後，戛然而止，不再多做敍述；詩意淡而有味，餘波小而不停，正是本詩較為特殊的寫法。

涉江采芙蓉的「同心而離居，憂傷以終老」句，既寫「離居」，既敍「憂傷」，又怕以此方式「終老」，情感頗為濃烈。本詩則以「但感別經時」句輕輕一點主題之後，隨即頓住，與涉江采芙蓉有絕大的不同。

庭中有奇樹與涉江采芙蓉兩詩，都只有八句，是古詩十九首中最短的詩篇；以採花、送花、傷離為其主題，也大致相同；但一遠在天邊、一居於家中，一刻意涉江、一隨手採折，一抒其憂傷、一戛然而止，一採多鏡描寫、一只用一意，一頭緒較多、一妙在轉折的寫法，則迥然而異。如把兩詩並列比較，則知個中正有不少的趣味。

批評

王國維人間詞話云：「古人為詞，有有我之境，如淚眼問花花不語，亂紅飛過鞦韆去；有無我之境，如寒波淡淡起，白鳥悠悠去。有我之境，物皆著我之色彩；無我之境，不知何者為我；此即主觀詩與客觀詩之所由分也。」物中含有人的情感，是有我之境；純粹寫物而不帶人的情思，是無我之境。如就「庭中有奇樹」一詩論其物我之間的寫法，則有下列四種：

一、以物為主：純粹描寫景物，而不間入我的情感；純就客觀的現象欣賞，而不加進人的思想，叫做以物為主的描寫方法。如本詩「庭中有奇樹，綠葉發華滋」句，即以庭院之中的樹與花為其主題，興起全詩。

二、物主我賓：以物為其主體、以人依從於物，兩者揉合而成詩句，叫做物主我賓的描寫方法。如本詩「攀條折其榮」句，以樹木的枝條與花朵為主，以人攀而採之為賓，組構而成本句。

三、物賓我主；以人為其主體，以物做為陪襯，物我揉合而成詩句，叫做物賓我主的描寫方法。如本詩「將以遺所思」句，花為陪襯，「將遺」與「所思」的人才是主體。

四、以人為主：雖然因物而起，但敍及人事時，並未含有物的影子，叫做以人為主的描寫方法。如本詩因「此物何足貴」，而引起「但感別經時」的感慨；但從「但感別經時」句看來，則知純然以人為主。

有我之境，因為有我，所以可能陷於主觀；無我之境，因為無我，所以可能離人較遠。如果能在有我與無我之間，保持與實際人生適當的距離，則其作品必能寫出更多的美感！

（孔孟月刊四七六期、二〇〇二年四月）

分析表

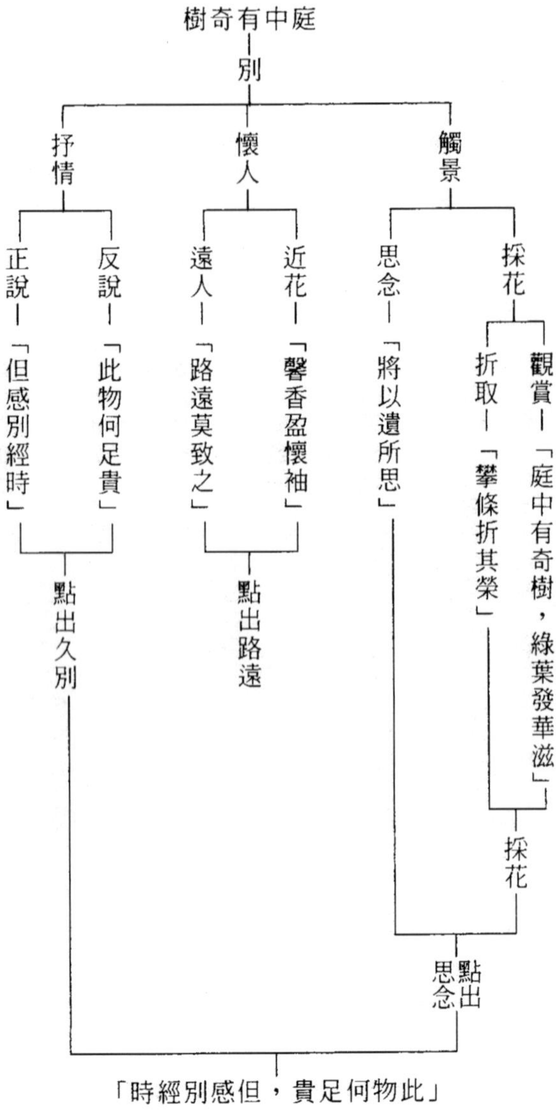
庭中有奇樹
別
抒情
懷人
觸景
正說
反說
遠人
近花
思念
採花
「但感別經時」
「此物何足貴」
「路遠莫致之」
「馨香盈懷袖」
「將以遺所思」
折取
觀賞
「攀條折其榮」
「庭中有奇樹，綠葉發華滋」
點出久別
點出路遠
採花
點出思念
「此物何足貴，但感別經時」

拾、迢迢牽牛星

迢迢牽牛星，皎皎河漢女。纖纖擢素手，札札弄機杼。終日不成章，泣涕零如雨。河漢清且淺，相去復幾許？盈盈一水間，脈脈不得語。

注釋

1.〔迢迢〕：遙遠的樣子。迢：音ㄊㄧㄠˊ，遠。
2.〔牽牛星〕：位在銀河南邊，為天鷹星座的主星，俗稱「扁擔星」或「牛郎星」。
3.〔皎皎〕：明亮的樣子。
4.〔河漢女〕：指織女星，位在銀河北邊，是天琴星座的主星。河漢：銀河。銀河：天上雲狀的光帶，係由許多恆星組成，中以天鵝座、天鷹座、天蠍座、人馬座附近最為密集。

織女一、二、三，即天琴座三星，組成一個等邊的三角形，隔著銀河與對岸的牽牛相對。

「迢迢牽牛星，皎皎河漢女」，即「迢迢牽牛星（河漢女），皎皎（牽牛星）河漢女」，屬於互文，因牽牛、織女兩星均有迢迢、皎皎之意。

5. 〔纖纖擢素手〕：織女舉起柔細潔白的手。纖纖：柔細美好的樣子。擢：音ㄓㄨㄛˊ，舉起。素手：細白的手。素：白。

6. 〔札札弄機杼〕：舞弄織布機發出札札的聲音；意指正在織布。札札：音ㄓㄚˊㄓㄚˊ，織布機的聲音，狀聲詞。弄：舞弄，織布的動作。機杼：織布機的總稱。機：織布機的梭子。杼：音ㄓㄨˋ，織布機上持緯的機件。

7. 〔終日〕：整天。終：盡、全。

8. 〔不成章〕：無法織成紋理經緯的布。終日不成章：因想念情深而無心織布，所以雖然整天織布，卻織不成有紋有理的布匹。札札弄機杼，終日不成章：以具體的情事敘寫抽象的相思，雖未明寫，卻比明寫更為相思。

9. 〔泣涕零如雨〕：因相思而流淚哭泣，淚如雨下。泣涕：泣而出涕，此指流淚。泣：無聲的哭。涕：鼻涕。零：落。

10.〔河漢清且淺〕：銀河清澈，水又低淺。且：又、而且。

11.〔相去復幾許〕：相距又有多遠呢？言其近也。相去：相距、彼此的距離。復：又。幾許：多少。

前敍「迢迢牽牛星」，相距遙遠，是以詩人的角度來看；此言「相去復幾許」，極言其近，是以兩星的位置來看；兩者並不矛盾。

12.〔盈盈一水間〕：隔著一條清淺的銀河。盈盈：水清淺的樣子。係指上文「河漢清且淺」。一水：指河漢。

13.〔脈脈不得語〕：含情凝視而不能傾訴衷情。脈脈：即「脈脈」，含情凝視的樣子。不得：不能。

盈盈一水間，脈脈不得語：意謂咫尺千里。

語譯

遙遠的牽牛星在銀河的南邊，明亮的織女星在銀河的北邊。織女舉起柔細潔白的手，舞弄著織布機發出札札的聲音。整天無法織成紋理經緯的布，因為相思而哭泣著淚如雨下。銀河清澈水又低淺，彼此相距又有多遠呢？隔著一條清淺的銀河，含情凝視卻不能傾訴衷情。

分析

尼貝龍的株儒阿貝里希，失去愛情之後，潛入萊茵河的河底竊取黃金，打造成一枚賦有魔力的指環，從此神人之間貪婪爭鬥，不得安寧。北歐的英雄雷敏凱連，為了獲得佳人，不惜隻身獨闖地獄，想將浮游黑河之上的天鵝，一箭射死，不料反遭巨蟒伏擊而死，幸賴母親及時拯救，才使他重新活了過來。不管華格納尼貝龍的指環，還是西貝流士黃泉的天鵝；不管東方、西方，還是文學、音樂；不管因愛而生妒嫉、而起戰爭，還是因情而鼓勇氣、而見操守；愛情總是人類情感最直接的抒發，作者俯拾即能取得的材料。因此以神話為其素材，以愛情為其主題的詩文，比比皆是，古詩十九首的「迢迢牽牛星」，就是一個最好的例子。

「迢迢牽牛星」一詩，藉天上牽牛、織女二星隔著銀河，相望而不能相聚的故事，敍寫女子由衷的相思情愁，屬於秋夜即景之作。詩以「相去復幾許」的「去」字為詩眼，將想像與現實、神話與人生兩相融和而成這篇作品。詩分三部：

前部：總說兩星的處境；從兩星相去的距離，敍彼此相別的處境。

「迢迢牽牛星，皎皎河漢女」：前敍牽牛，後敍織女；「迢迢」以敍其遠，「皎皎」以敍其亮。但因牽牛與織女兩星，均有「迢迢」與「皎皎」之意，所以本句屬於相互補足文意的互文修辭。行行重行行的「相去萬餘里，各在天一涯」句，恰好可以做為本句的註腳。

牽牛星位於銀河的南邊，是大鷹座的主星；織女星位於銀河的北邊，是天琴座的主星。織女三星組成一個等邊的三角形，隔著銀河與對岸的牽牛遙遙相對，所以才有下文「盈盈一水間，脈脈不得語」的感傷。

本詩係將牽牛、織女二星，相望而不能相即的神話，以比擬的手法，轉化而成闊別兩地的男女；並以女子的口吻，敍其濃濃的情愁。

中部：單就女子、具體敍寫離境；敍相離之後，織女思念的情形。又分兩小節：

一、外在：「纖纖擢素手，札札弄機杼」：直承上句「皎皎河漢女」而來，敍女子固定的工作、女子想藉工作以紓愁思的情形。「纖纖」寫其柔細，「札札」狀其機聲；終日「擢」「弄」不停，「素手」整天對著「機杼」，女子無由吐訴心情，於此可見一斑。

青青河畔草的「娥娥紅粉妝，纖纖出素手」，是女子寂寞等待自然的動作；本句「纖纖擢素手，札札弄機杼」，則是女子移轉愁思刻意的行為；兩句描寫的情景雖然不同，但其主意並無太大的區別。

二、內心：「終日不成章，泣涕零如雨」：表面雖寫織布，實際卻在思念之上；因為思念，所以終日不能成章，整天唯有以淚洗臉，這是情深之處，無心工作最好的寫照。西北有高樓的「一彈再三嘆，慷慨有餘哀」，儘管又彈又唱，仍然無法解其愁苦，也許能與本句相互輝映。

詩經小雅大東：「跂彼織女，終日七襄。」「雖則七襄，不成報章。」一晝一夜計有十二時辰，從旦至暮、從卯時到酉時則有七個時辰。織女每辰移位一次，七辰共移七次。織女移動只向西去，不回東來，不像有來有往的梭子，才能織成布匹，所以說「終日不成章」。

中部四句直承上文「皎皎河漢女」而來，以比擬的手法將星轉化為人，再以織布具體描寫女子外在與內心、備受相思煎熬的情形，意象似乎可觸可感。

後部：抒發女子的思境；直承上文「泣涕零如雨」句而來，以臨河相望敘兩人無盡的相思。又分兩小節：

一、外景：「河漢清且淺，相去復幾許」：就外在客觀的環境而言，河漢又清又淺，彼此相距也不算遠，為何兩人必須忍受相離之苦呢？也許正是「亮無晨風翼，焉能凌風飛」（凜凜歲云暮）的感嘆吧！作者點到即止，並未明講，因此留給讀者無窮想像的空間。

二、人情：「盈盈一水間，脈脈不得語」：首句直承上文「相去復幾許」而來，以疊字「盈盈」描寫清淺的銀河；以「脈脈」鉤勒情深而「不得語」的神態收束全詩，但卻無法收結千頭萬緒的情愁，而任「以膠投漆中，誰能別離此」（客從遠方來）的深情，不斷徘徊在讀者的心頭之上。

三句「纖纖擢素手」，就人而言；四句「札札弄機杼」，就物而言；五句「終日不成章」，就物而言；六句「泣涕零如雨」，則就人而言。人—物—物— 人的形式兩相交錯，詩文緊湊而有變化的美。七句「河漢清且淺」，就物而言；八句「相去復幾許」，就人而言；九句「盈盈一水間」，就物而言；十句「脈脈不得語」，則又就人而言。物—人—物—人的形式順序排列，詩文嚴謹且具條理的美。如就前後兩組來說，則已兼具整齊與錯落行文的趣味。

「迢迢」寫其遙遠，「皎皎」寫其明亮，「纖纖」寫其柔細，「札札」寫其聲音，「盈盈」寫其清淺，「脈脈」寫其神態。六句連以疊字發端，連以疊字省去繁冗的形容，而呈顯出更為鮮明的意象，也是古詩時常採用的手法。

本詩從結構看，「皎皎河漢女」開啟「纖纖擢素手」以下四句，「泣涕零如雨」開啟「河漢清且淺」以下四句；從形式看，首兩句總說，次四句具體描寫，末四句以直率的語氣抒發情感；從內容看，以牽牛、織女為其線索，一意直貫首尾；以想像填其血肉，篇幅雖短卻自然豐腴；以只詠其情而不著議論的方法收束，詩末四句看似平淡，其實頗為醇厚。全詩只有短短的十句，卻能表達出如此真摯的情感，的確是一篇值得吟詠的好作品。

批評

環境與期盼相左、外在與內心乖違、努力與成敗不等、認知與結果有別，是矛盾，也是詩文為了鮮明意象、為了營造氣氛所使用的筆法。這種筆法可使作品在起伏、轉折、突兀與錯落之中，得到更多的趣味。如就「迢迢牽牛星」一詩論其矛盾的方法，則有下列四種：

一、內外矛盾：因內在的意念與外在的作為不同，而使詩文主題更為突出的寫法，叫做內外矛盾。如本詩以「札札弄機杼」卻「終日不成章」，表達女子由於思念而無心工作的情形。

二、常殊矛盾：因常態的認知與特殊的情景不同，而使詩文情感更為深刻的寫法，叫做常殊矛盾。如本詩「盈盈一水間」，近在眼前，卻說「脈脈不得語」；原來此一銀河，並非一般認知的小小河流。

三、客主矛盾：因客觀的看法與主觀的立場不同，而使詩文內容更具轉折的寫法，叫做客主矛盾。如本詩「迢迢牽牛星」的「迢迢」，是詩人主觀的視覺；「相去復幾許」

的「幾許」，則是兩星在天上客觀的位置。

四、虛實矛盾：因想像的感覺與實際的情形不同，而使詩文字句更為生動的寫法，叫做虛實矛盾。如本詩「河漢清且淺」句，銀河本來一望無際，詩人為了活潑全詩的氣氛，並深化思念的意象，所以把河漢寫得又清又淺。

矛盾的筆法，可以出人意表，卻也容易偏題或離題。因此須在下筆之前稍做構想，文後還得回應前面的主題，才能得其環中而揮灑在詩文之上。

（孔孟月刊四七七期、二〇〇二年五月）

分析表

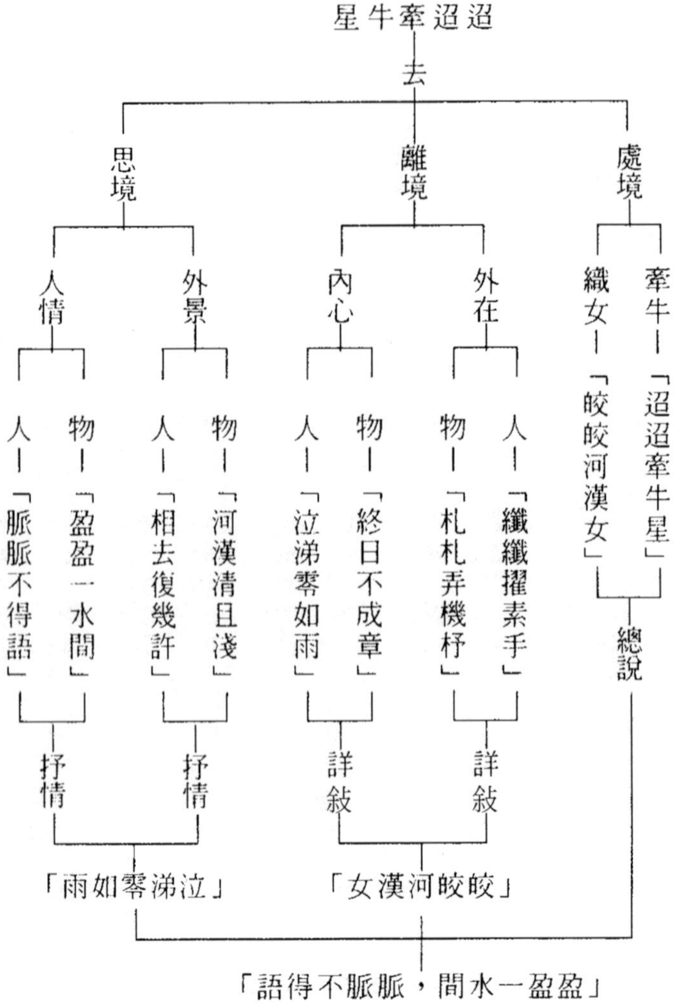
迢迢牽牛星
去
處境
離境
思境
牽牛
織女
外在
內心
外景
人情
「迢迢牽牛星」
「皎皎河漢女」
總說
人
物
「纖纖擢素手」
「札札弄機杼」
物
人
「終日不成章」
「泣涕零如雨」
物
人
「河漢清且淺」
「相去復幾許」
物
人
「盈盈一水間」
「脈脈不得語」
詳敍
詳敍
抒情
抒情
「皎皎河漢女」
「泣涕零如雨」
「盈盈一水間，脈脈不得語」

拾壹、迴車駕言邁

迴車駕言邁，悠悠涉長道。四顧何茫茫，東風搖百草。
所遇無故物，焉得不速老？盛衰各有時，立身苦不早。
人生非金石，豈能長壽考？奄忽隨物化，榮名以為寶。

注釋

1. 〈迴車駕言邁〉：回轉車頭，駕車遠行。迴車：掉轉車頭。迴：即「回」，回轉。言：助詞，無義。邁：遠行。
2. 〈悠悠涉長道〉：即「涉悠悠長道」，走在連綿無盡、漫漫長長的道路上。悠悠：遙遠或連綿無盡的樣子。涉：徒步渡水，此指行走或經過。長道：漫長的道路。
3. 〈四顧何茫茫〉：向四面望去，原野多麼的廣大遼闊。顧：看。何：多麼。茫茫：廣大遼闊的樣子。

4.〔東風搖百草〕：春風吹拂著各種花草。東風：春風。搖：吹拂，轉化修辭。百：眾。

5.〔所遇無故物〕：眼前所見沒有舊的事物。遇：此指「看」。故物：舊的事物，即從前的事物。故：舊、從前。

6.〔焉得不速老〕：人怎能不快速的衰老呢？焉得：豈能。焉：豈。因所遇已無故物，人在新的事物之前，當然會覺得自己衰老。

7.〔盛衰各有時〕：興盛、衰敗各有一定的時候。有時：有一定的時候，即有一定的規律。

8.〔立身苦不早〕：即「苦不早立身」，憂患未能及早成就功名。立身：安身，此指成就功名。苦：患、憂、苦於、為…所苦。

9.〔人生非金石〕：即「人生非（如）金石」，人的生命不能像金石一樣的堅固。金石：金屬、玉石，比喻堅固；譬喻修辭。

10.〔豈能長壽考〕：怎能永遠的活者。長壽考：長壽。考：老。

11.〔奄忽隨物化〕：很快的將隨著萬物而死亡。奄忽：迅速的樣子。奄：音ㄧㄢˇ。隨物化：隨物而化，意指死亡。物化：借指死亡。

12.〔榮名以為寶〕：即「以榮名為寶」，人們把榮耀美名視為珍寶。榮名：榮耀聲名。以為：以…為，把…當做（視為）。

語譯

回轉車頭，駕車遠行，走在連綿無盡、漫漫長長的道路上。向四面望去，原野多麼的廣大遼闊，春風吹拂著各種花草。眼前所見沒有舊的事物，人怎能不快速的衰老呢？興盛、衰敗各有一定的時候，憂患未能及早成就功名。人的生命不能像金石一樣的堅固，怎能永遠活著？很快的將隨著萬物而死亡，所以人們把榮耀美名視為珍寶。

分析

孔子因感其道不能行於天下，想將心力移於故鄉的子弟身上，而有「歸與！歸與！」之嘆（論語公冶長）。王粲因未能得到重用，所以在登樓眺遠時，而有「雖信美而非吾土兮，曾何足以少留」的無奈（登樓賦）。抱負施展不得時，興起歸鄉之念，不管聖者或凡人，人的心理大致相同。孔子因列國君長不聽其言，失望之餘脫口而出「道不行，乘桴浮於海」（公冶長）。蘇軾因朝廷老是廢棄黃鐘，聽任瓦釜終日雷鳴，傷心之餘感慨的說「夜闌風靜縠紋平，小舟從此逝，江海寄餘生」（臨江仙）。有志無法得償時，只好選擇避世之路，也是不分賢愚常有的心情。本詩寫作的動機，正是如此。

本詩因目睹春景而感人生短暫，因感人生短暫而應早得功名，因應早得功名而勉人及時奮起；詩在感傷與省悟之中，意象清楚，意旨明確。全詩係以「榮名以為寶」的「名」字為其詩眼，以「名」為經，以「早」為緯，結合兩者而在「所遇無故物」的情景之下，娓娓道出作者深刻的體會。詩分三部：

前部：情境；敍駕車返鄉，路途遙遠的情形。前部又分兩小節：

一、意念：「迴車駕言邁」：只敍駕車返鄉，並未言及不如歸去的動機，如此可以免去作者的難言之苦、不想明言之事，而留給讀者較大的想像空間，並留待下文自在的鋪展。

二、路途：「悠悠涉長道」：返鄉本是一件快樂的事情，如今卻因不如歸去而有無奈之苦，因路途遠隔而有行車之苦。兩苦相加，作者在「悠悠」的遙遠裡，疊上「長道」漫長的道路之後，又將渡水的「涉」字，拿來用在行路之上，而使行路有如「涉」水般的險阻，而使本句在形容的「悠悠」、轉化的「涉」路與白描的「長道」之下，路途更遠、行路更苦了。

首句「迴車駕言邁」直接點出返鄉之路遙遠，而不說明原由，隱含「棄捐勿復道」（行行重行行）的心情。次句「悠悠涉長道」，連以「悠悠」、「長道」與「涉」字，極寫路途的阻隔，正是「長路漫浩浩」（涉江采芙蓉）的感嘆。

中部：觸景，直承前部，敍返鄉途中所見的景物、所生的感受、所體會的道理。中部又分三小節：

一、敘景：「四顧何茫茫，東風搖百草」：敘沿途所見的景物。首句以泛覽的筆法、從整體的景物總說原野大概的情形。次句則就「東風」二字點出季節─春天，就「百草」二字點出春來生意盎然的情景；然後再以盎然的生意，反襯自己馬齒徒長、一事無成，而寫出一個「茫茫」的情境與心境。

「四顧」，是東張西望，是不知所措。「四顧茫茫」是不知所之，是已無故物可見、已無明天可言的茫然。「四顧」與「茫茫」之間，加上一個「何」字，作者前無可行之路，只能返鄉得過且過的心情，已經昭然若揭了。「東風」，是春天；東風來了，「百草」已生，表示春臨大地已有一段時間，所以原野到處都是綠意。東風吹在百草之上，本來輕盈曼妙，但因作者將其茫然的心情移於景物之上，所以東風不但無法輕盈的吹拂，而且彷彿自己沉重的腳步一般，是「搖」，是無力的搖著百草。

二、敘人：「所遇無故物，焉得不速老」：敘沿途所生的感受。首句直承上文「四顧何茫茫」句而來，說明四顧茫然是由於「所遇無故物」。「焉得不速老」直承上句而來，敘因所遇不見故物而嘆自己豈能不老，而在強烈反詰的語氣之下，凸顯年老無成、四顧茫然的心情。

因「所遇無故物」而外覺「四顧何茫茫」，而內感「焉得不速老」。又因時序更迭，氣象一新，東風搖著百草而無法遇其故物；因人事不再，功名不來，只剩孤獨的我而無故物可言。無論外覺或內感、時序或人事，「所遇無故物」句，正是本詩主意與抒情的關鍵，正是作者百感交集凝結而成的詩句。

三、敍感：「盛衰各有時，立身苦不早」：敍沿途所體會的道理。首句係就景物而言，「盛」言「百草」，「衰」言「故物」，「有時」言其時序的更迭。「盛衰各有時」句，收結「四顧何茫茫」以下的景物，並以「立身苦不早」句開啟下文抒情所有的文字。「盛衰各有時」是因「東風搖百草」而感慨「所遇無故物」，因「所遇無故物」而有「四顧何茫茫」的迷惘。「立身苦不早」雖由上句「盛衰各有時」的感觸而來，但從「早」字可以窺知作者「焉得不速老」的主因，在於功未成而名未就。

杜牧山行「停車坐愛楓林晚，霜葉紅於二月花」句，將本來衰颯蕭條的秋，寫得頗有秋楓勝似春花的趣味，一改宋玉「悲哉秋之為氣也，蕭瑟兮草木搖落而變衰」（九辯）的感傷情懷。但本詩卻將「物外山川近，晴初景靄新。芳郊花柳遍，何處不宜春」（王勃登城春望）春來可喜的景物，寫成「四顧何茫茫，東風搖百草」了無生氣的情景；這是詩人移情的作用，是將自己不幸的際遇，直接反映在景物之上的結果。

後部：生情；直承上文「立身苦不早」句而來，敍人生短暫，應及早奮起以追求功名與榮華。本部又分兩小節：

一、反詰：「人生非金石，豈能長壽考」：以反詰的語氣，極寫人生的短暫；以「金石的堅固，反襯生命的脆弱。因為人非金石，因為無法長壽，所以本節上應「焉得不速老」句，反覆敍其人事無常的感傷；下啟「榮名以為寶」句，提出因應的方法。

「人生非金石，豈能長壽考」的感傷，不在生命的短長，不在青春一去不復返，而在於「少壯不努力，老大徒傷悲」（漢長歌行）之上。所以就後部的文字而言。「人生非金石」兩句是賓，下文「奄忽隨物化」兩句，才是主題。

二、主題：「奄忽隨物化，榮名以為寶」：點出主題「榮名」二字，並收束全詩。生命「焉得不速老」、「奄忽隨物化」，這是人的無奈；但在無奈之中，仍有值得追求的永恆——「榮名」。「榮名」是作者認為可使生命無憾唯一的方法，所以詩文標舉「榮名」二字之後，戛然而止，不再多說，頗能深刻全詩的意象與主題。

本詩以生命短暫、追求榮名才能永恆為其主題，與今日良宴會「何不策高足，先據要路津」的意旨可以相互發明。

史記屈原賈生列傳云：「夫天者，人之始也；父母者，人之本也。人窮則反本，故勞苦倦極，未嘗不呼天也；疾痛慘怛，未嘗不呼父母也。」遇到困難，人事能夠解決，則喊父母；人事不能解決時，則呼上天，這是人返其本自然的反應。因此詩人在馬齒徒長、功名無望的時候，雖然並未呼天、喊其父母，卻仍以返歸其本的故鄉，做為唯一的選擇；而從感時、感物之中現身說法，勸勉世人及早奮起，以免重蹈自己的覆轍。尤以深濃的筆墨強化詩意，而使「邁」的遠行、「悠悠」的遙遠、「茫茫」的廣闊、「奄奄」的迅速，更能動人心目，更能引起深刻的省思，頗能看出作者語重心長的勸勉之意。

批評

先敍景，後抒情；邊敍景、邊抒情；表面純寫景物，其實句句含情；乍看只是歌詠史事，其實字字都在敍說自己。詩的寫法很多，詩的變化也因人、因事、因物而異，如就迴車駕言邁一詩論其寫作的方法，則有下列六種：

一、畫龍點睛：通篇以描景或敍事的方式鋪寫，末了才將主意一筆揭明的方法，叫做畫龍點睛。如本詩因景而生情，因情而抒感，直到詩末才將主旨「榮名以為寶」的「榮名」二字一筆揭明，就是一個很好的例子。

二、雙軌並陳：兩個意念、兩件事情或兩處景物，以側重或並重的方式，同時鋪陳於詩文之中，叫做雙軌並陳。如本詩係以景物「悠悠涉長道」、「四顧何茫茫」、「東風搖百草」、「所遇無故物」的景，與「焉得不速老」、「立身苦不早」、「人生非金石」「奄忽隨物化」的情，同時交錯於詩篇之中，因此詩的主題雖然單純，詩的內容卻也豐贍可觀。

三、順向鋪寫：將景物的遠近大小、事情的經過始末、時空的今昔未來，以井然有序的方式敍寫出來，叫做順向鋪寫。如本詩因春天已到，「東風搖百草」而使詩人「所遇無故物」，詩的寫法有條有理。

四、逆向鋪寫：將時空的今昔、事情的經過或感受的始末，以倒敍或追敍的方式鋪寫，叫做逆向鋪寫。如本詩「榮名以為寶」是全詩的主題，也是作者「迴車駕言邁」主要的動機。又，因感「奄忽隨物化」而覺「焉得不速老」，因「豈能長壽考」而嘆「立身苦不早」，因「所遇無故物」而傷「四顧何茫茫」，都是先敍情形，後敍原因的例子。

五、直接過峽：上句與下句、上節與下節之間，以形式相互銜接、文意一氣相連的方式敍寫，叫做直接過峽。如本詩「迴車駕言邁，悠悠涉長道」與「四顧何茫茫，東風搖百草」之間，不但字句緊密含銜，而且詩意也能上下相連。

六、錯接過峽：詩在章節或句意完足時，以跳接的方式照應或直承上面的文字；句與句、節與節之間的字句，並未依序敍寫者，叫做錯接過峽。如本詩「所遇無故物，焉得不速老」與「盛衰各有時，立身苦不早」之間，一敍所遇，一敍所感，詩意轉折的痕跡頗為明顯。

儘管詩的寫法各有不同，但詩的意涵卻始終在景、情之間徘徊；如何將景的描寫與情的抒發做最好的安排，正是詩是否成功的關鍵！

（孔孟月刊四七八期、二〇〇二年六月）

分析表

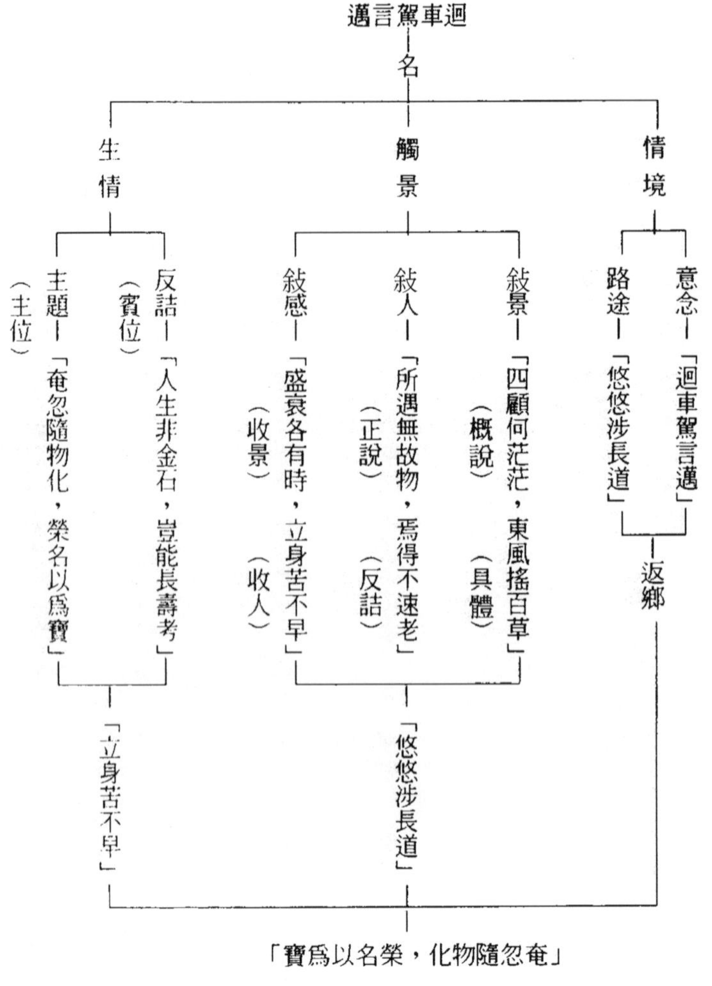
迴車駕言邁
名
情境
觸景
生情
意念
路途
「迴車駕言邁」
「悠悠涉長道」
返鄉
敍景
「四顧何茫茫，東風搖百草」
（概說）
（具體）
敍人
「所遇無故物，焉得不速老」
（正說）
（反詰）
敍感
「盛衰各有時，立身苦不早」
（收景）
（收人）
「悠悠涉長道」
反詰
（賓位）
「人生非金石，豈能長壽考」
主題
（主位）
「奄忽隨物化，榮名以爲寶」
「立身苦不早」
「奄忽隨物化，榮名以爲寶」

拾貳、東城高且長

東城高且長，逶迤自相屬。迴風動地起，秋草萋已綠。
四時更變化，歲暮一何速！晨風懷苦心，蟋蟀傷局促。
蕩滌放情志，何為自結束？燕趙多佳人，美者顏如玉。
被服羅裳衣，當戶理清曲。音響一何悲！弦急知柱促。
馳情整中帶，沉吟聊躑躅。思為雙飛燕，銜泥巢君屋。

注釋

1. 〔東城高且長〕：東邊的城廓高大又長遠。東城：東邊的城廓。且：又。
2. 〔逶迤自相屬〕：曲折綿延的自然相連。逶迤：音ㄨㄟˊ ㄧ，曲折綿延的樣子。自：自然。相屬：相連。屬：音ㄓㄨˇ，連也。
3. 〔迴風動地起〕：旋狀的疾風捲地而起。迴風：旋風，即旋狀的疾風。

4.〔秋草萋已綠〕：即「萋秋草已綠」，茂盛的秋草已經轉為黃綠色。萋：音ㄑㄧ，茂盛的樣子。綠：指黃綠色，草初黃時的顏色。詩經邶風綠衣：「綠兮衣兮，綠衣黃裡。」孔穎達疏：「綠，蒼黃之間色。」即青黃色。

5.〔四時更變化〕：四時，四季。更：音ㄍㄥ，變更，此指交替。

6.〔歲暮一何速〕：多麼快速的又到了年末時節。歲暮：年末、一年終了之時。一：助詞，無義。何：多麼。速：快。

7.〔晨風懷苦心〕：晨風一詩懷著悲苦的心情。晨風：詩經秦風篇名，女子因思念情人、疑遭被棄而悲苦。詩經秦風晨風：「鴥彼晨風，鬱彼北林。未見君子，憂心欽欽。如何如何？忘我實多。」（鴥鷹疾急的飛著，北山的樹林非常茂密。沒有看到君子，使我內心憂思難忘。為什麼呢？為什麼呢？實在把我忘得差不多了。）鴥鳥：晨風，即鴥鷹。鴥：音ㄩˋ。鬱：茂盛的樣子。欽欽：憂思難忘。

8.〔蟋蟀傷局促〕：蟋蟀一詩感傷過於拘謹。蟋蟀：詩經唐風篇名，因歲暮而感時光流逝，而想及時行樂，但卻警惕自己須有節制。傷：感傷。局促：拘謹、拘束。詩經唐風蟋蟀：「蟋蟀在堂，歲聿其莫。今我不樂，歲月其除。無已大康，職思其居。好樂無荒，良士瞿瞿。」（蟋蟀躲進屋裡，又到一年的歲末了。現在我不及時行樂，時光很快就消逝了。不要過於求取安樂，應想做好負責的工作。喜歡行樂，但不要荒廢正業，賢士應勤勉而謹慎。）聿：語詞，無義。莫：即「暮」，此指年末。除：去、消逝。已：甚、太。職：盡職。居：指所付之責。荒：荒廢。瞿瞿：勤謹貌。瞿：音ㄐㄩˋ。

9. 〔蕩滌放情志〕：清除憂煩，縱情享樂。蕩滌：沖洗、清除。放：放縱。情志：感情志趣。

10. 〔何為自結束〕：何必自己將感情、志趣拘束起來。何為：何必。結束：拘束。

11. 〔燕趙多「佳人」〕：美女。

12. 〔美者顏如玉〕：美麗的女子容貌有如玉石一般。顏：借指容顏、容貌。

13. 〔被服羅裳衣〕：穿著綾羅的衣裙。被、服：均指穿著。被：音ㄆㄧ，通「披」，穿。羅：稀疏而輕軟的絲織品。裳衣：衣裙。上稱衣，下稱裳。

14. 〔當戶理清曲〕：臨著窗戶練習清商曲。當戶：臨著窗戶。當：臨。理：練習。清曲：即清商曲。

15. 〔音響一何悲〕：音調是多麼的悲苦啊。一：助詞。何：多麼。

16. 〔弦急知柱促〕：從琴弦聲音急促，知道已把琴柱移近旋緊了。弦急：弦音急促。柱：

琴柱，即架弦的短木柱。促：迫近；琴柱移前，將弦上緊。

17.〔馳情整中帶〕：心馳神往中，不覺整理一下衣帶。馳情：神往；指縱情於音樂之中。整：理。中帶：衣帶。

18.〔沉吟聊躑躅〕：深思曲意，姑且起身徘徊。沉吟：深思貌。聊：姑且。躑躅：音ㄓˊ ㄓㄨˊ，徘徊不前的樣子。

19.〔思為雙飛燕〕：希望我倆成為雙飛雙宿的燕鳥。

20.〔銜泥巢君屋〕：銜著泥土在你的屋上築巢。銜：口中含物。巢：築巢，動詞。

語譯

東邊的城廓高大又長遠，曲折綿延的自然相連。旋狀的疾風捲地而起，茂盛的秋草已經轉為黃綠色了。四季交替變化，多麼快速的又到了年末時節！晨風一詩懷著悲苦的心情，蟋蟀一詩感傷過於拘謹。清除憂煩，縱情享樂吧，何必自己將感情志趣拘束起來呢？燕趙地方多美女，美麗的女子容貌有如玉石一般。穿著綾羅的衣裙，臨著窗戶練習清商曲。音調是多麼的悲苦啊！從琴弦聲音急促，知道已把琴柱移近旋緊了。心馳神往中，不覺整理一下衣帶，深思曲中的意思，姑且起身徘徊。希望我倆成為雙飛雙宿的燕鳥，銜著泥土在你的屋上築巢。

分析

因景物優美而心情和悅，因所見淒涼而心生感傷，因季節更迭而不能自已，因外在激盪而深有所感，這是情緒變化的觸媒，也是人受影響的結果。事事順遂的人，處處得意，比較不易受到牽引；至於際遇不順、情感失意、閨中思婦或漂泊在外的遊子，則在風物之前，時常會起一些或大或小的波瀾。所以在季節更迭、歲月易逝的情景之下，興起不如敞開心胸、及時行樂，正是本詩寫作的動機。

東城高且長一詩，以「歲暮一何速」的「速」字為詩眼，從又值歲暮，感傷一年又將過去，引起生命短暫、人事無常、何不打開胸懷而放情享樂呢？詩分前後兩部：

前部：實寫；從歲暮感懷敘及人生苦短，何必自我拘束。前部又分兩節：

一、敘景：敘秋草由綠轉黃，一年又將過去，本節又以分敘與總說計分三小節：

㈠分敘一—靜景：「東城高且長，逶迤自相屬」：敘城又高又長，永遠聳立在吾人的眼前；有景物依舊、人事無常的暗示。首句以「高」、「長」形容東城，下句「逶迤自相屬」卻只直承「長」字加以鋪寫，係因「高」只高在一個點上，無法向左向右延伸；但「長」卻須從空間加以延伸，才能看出「長」的情形。因此作者以曲折綿延的「逶迤」與相連不絕的「相屬」，極寫東城既高又長，兀「自」橫在世人面前的情景。

西北有高樓以「西北有高樓，上與浮雲齊」句，純從「高」的角度敍寫西北的高樓，本詩則以「高」字略筆帶過「高」後，又以「逶迤自相屬」極寫其長，兩詩描寫的手法顯然有別。

㈡分敍二——動景：「迴風動地起，秋草萋已綠」：敍北風陡起，秋草由綠轉黃，時節已經屆臨秋天了。首句直承上文「逶迤自相屬」的「逶迤」二字而來，把風沿著綿長曲折的城邊，一路席捲而來的情形，活現在紙面之上。又，次句直承上文「迴風動地起」的「地」字而來，描寫朔風野大，滿「地」秋草盡皆轉黃，蕭條已經取代了原本蓊鬱鬱的夏景。萋，又作「淒」解；說文：「綠，帛青黃色也。」「萋已綠」意指草色由綠轉黃之意。

迴車駕言邁的「四顧何茫茫，東風搖百草」句，是深秋之際作者無奈的感嘆。本詩從「秋草萋已綠」句，知秋天才剛來到；從「迴風動地起」句，知作者猛然警覺之下，深刻感受歲月不居的情形；兩詩寫作的心情並不相同。

㈢總說：「四時更變化，歲暮一何速」：收束上文四句，並點出歲暮何速的感慨。首句直承上文「秋草萋已綠」的「秋草」二字而來，敍因見秋草而感四時隨時變化，歲月不肯絲毫停留。次句直承上文「四時更變化」句而來，具體點出已值「歲暮」，而且是「何速」的屆臨歲暮，頗能營造「歲月易得」的倏忽氣氛。

明月皎夜光以「白露沾野草，時節忽復易」句，敍寫季節已經有了變化，語氣平和；本詩「歲暮一何速」句一出，怵目驚心的緊張，馬上油然而生，兩詩的寫法鬆緊不一。「東城高且長，逶迤自相屬」句，因為寫其又高又長，所以採用具有擴散效果的舒緩語氣。至於「迴風動地起」以下四句，因寫時光短暫，所以採用具有緊張效果的急促語氣，很能襯出詩中應有的氣氛。

二、抒情：因觸景而生情，而有人生短暫，何必自我拘束的想法。本節又分兩小節：

㈠引說：「晨風懷苦心，蟋蟀傷局促」：援引詩經秦風晨風與唐風蟋蟀之詩，一來點明季節秋天，二來抒其悲苦傷時之情；且以「懷」、「傷」二字直承上文「歲暮一何速」的「速」字，而敍其懷傷的緣由。

詩經秦風晨風：「鴥彼晨風，鬱彼北林。未見君子，憂心欽欽。如何如何，忘我實多。」晨風即鸇鷹。毛詩序以晨風為「刺康公忘穆公之業，棄賢臣也」，本詩取意在於「憂心欽欽」之上。詩經唐風蟋蟀：「蟋蟀在堂，歲聿其莫。今我不樂，日月其除。無已大康，職思其居。好樂無荒，良士瞿瞿。」毛詩序以蟋蟀為「刺晉僖公儉不中禮也。」本詩取意在於「歲聿其莫」之上。晨風感時而鳴，如懷苦心；蟋蟀因暮而吟，如憂生命將盡；本詩引此二詩，旨在強化上文「歲暮一何速」句，詩的意象頗為鮮明。

㈡主題：「蕩滌放情志，何為自結束」：直承上文「懷」「傷」二字而來，提出因應之道收上啟下─收束前部，並開啟下文所有的文字。首句正說明示主題，次句反詰鮮明主題，兩句直承上文人生短暫的感慨而來，可以視為後部所有文字的綱領或前提。

今日良宴會以「何不策高足，先據要路津」句，主張積極入世，以免終身轗軻窮賤；本詩則以「蕩滌放情志，何為自結束」句，只求及時享樂以歡渡一生。在人生苦短的感觸之下，詩人因應的方法南轅北轍。

後部：虛寫；直承上文「蕩滌放情志，何為自結束」句而來，總啟下文，敘燕趙佳人色藝雙全，願與之雙宿雙飛的情形。前部又分兩節：

一、敘人：以「奏樂」為主，並從容貌、服飾、音樂敘燕趙佳人之美。本節又以總說與分敘計分四小節：

㈠總說：「燕趙多佳人」：以燕趙兩地每多佳人總說一句，做為「蕩滌放情志」的對象，做為及時享樂的方法。

㈡分敘一──敘容：「美者顏如玉」：「美者」的「美」字，直承上文「佳人」而來；「顏如玉」則以譬喻描寫「美」的情形。

㈢分敘二──敘服：「被服羅裳衣，當戶理清曲」：從「顏如玉」的臉龐，敘及全身裝扮的「被服羅裳衣」，再敘及彈奏練習的「當戶理清曲」；短短三句，佳人的形象已經朗現在字句之間了。

青青河畔草的「盈盈樓上女，皎皎當窗牖。娥娥紅粉妝，纖纖出素手」句，連以疊字「盈盈」、「皎皎」、「娥娥」、「纖纖」，不厭其煩的寫其體態姿容，與本詩只以三句簡筆帶過的手法，迥異其趣。

㈣音樂：「音響一何悲，弦急知柱促」：直承上文「當戶理清曲」句而來，具體描寫「清曲」彈奏的情形，並收束敍人「燕趙有佳人」以下的文字。又，首句「音響一何悲」的「悲」字，是「清曲」的樂音；次句「弦急知柱促」的「柱促」，是高揚的樂音，是彈者心情激切的反映。

西北有高樓以「清商隨風發，中曲正徘徊；一彈再三嘆，慷慨有餘哀」句，極寫感人肺腑的樂音；本詩則以略筆「音響一何悲」敍其悲苦，「弦急知柱促」敍其聲高而悲，輕輕的帶過，並未詳寫。

二、抒情：以「聆樂」為主，因聆聽音樂而有雙宿雙飛的遐想。本節又分兩小節：

㈠感受：「馳情整中帶，沉吟聊躑躅」：聆聽音樂時，作者感動之餘，不由自主的動作。從整帶、徘徊這些不由自主的動作，可以得知詩人深深的感動。

西北有高樓以「不惜歌者苦，但傷知音稀」句，自己替歌者惋惜知音之少；本詩則純從自己的感動下筆，描寫自己因感動而不由自主起來，具體而生動。

㈡期盼：「思為雙飛燕，銜泥巢君屋」：從佳人演奏、樂音悲苦，而整帶徘徊，而盼能銜泥巢屋，詩在一意相連之中，一氣呵成；不但收束後部的文字，而且在「蕩滌放情志」的前後呼應之下，總結全詩。

西北有高樓的「願為雙鴻鵠，奮翅起高飛」與本詩「思為雙飛燕，銜泥巢君屋」句，均有雙宿雙飛之意，但前者意在振翅高飛，後者則在銜泥巢屋，取意上頗不相類。

本詩前部實寫的文字，不但用字嚴謹，句句相銜，而且語氣也較緊湊。所以首二句的東城又高又長，三、四句的秋景猛然來到，五、六句的歲暮悚然而驚，七、八句的懷傷深刻見骨，九、十句的排遣早已豁出了一切。後部虛寫的文字，十一至十四句僅以簡筆略敍佳人的外貌，十五、十六句則以聲高而悲略敍彈奏的音樂，比起前部文字，只是點到而已。這是因為前部以濃重的筆墨，敍其感慨，感慨人生短暫正是本詩真正的主題。至於後部只以簡筆略敍佳人，是因佳人不是詩的主體，作者只是想借佳人引出末兩句排遣短暫人生的主題罷了。

本詩前實後虛，前緊後鬆，前敍感慨、後敍期盼，乍看似乎可以一分為二。其實前後兩者相互照應；前部「蕩滌放情志」句總啟後部所有的文字，後部「思為雙飛燕，銜泥巢君屋」句，則以總結收束全詩，本詩可以視為一首完整的作品。

批評

不管是文或是詩，不管是直接或是間接，不管是段落或是章節，詩文上下的意思必須相承，前後的字句必須相貫，才能寫出結構嚴謹的作品。當然，以意相承的方法很多，只要能使詩文的字句自然靈轉即可，不必拘泥於某一特定的形式。如就「東城高且長」一詩論其承意的方法，則有下列六種：

一、直接承意：字句與字句、章節與章節之間，上下以意相互承接的方法，叫做直接承意。如本詩「迴風動地起」與「秋草萋已綠」句，因迴風已起，所以秋草由綠轉黃，語意上下相承，可為一例。

二、轉折承意：由上句轉折而出下句、由上節轉折而出下節文字；上下雖然不是一意相承，但下句係由上句轉折而出的方法，叫做轉折承意。如本詩聆樂時不由自主的動作「馳情整中帶，沉吟聊躑躅」句，係由上句聆聽音樂「音響一何悲，弦急知柱促」的感受而來，可為一例。

三、偏義承意：上句同時含有兩個以上的意念，下句卻只就其部分加以鋪寫、加以發揮的方法，叫做偏義承意。如本詩「東城高且長」句，同時含有「高」「長」兩個意念，但下文卻只就「長」字鋪寫而成「逶迤自相屬」，可為一例。

四、補敍承意：以上句為其綱領，為其前提，下句或下文數句則就此一綱領加以具體詳敍的方法，叫做補敍承意。如本詩以「美者顏如玉，被服羅裳衣，當戶理清曲」一節，詳敍「燕趙有佳人」的「佳人」二字，可為一例。

五、總啟承意：以一句精警的字句總啟下文，下文均從此一字句開啟而來的方法，叫做總啟承意。如本詩以「蕩滌放情志」句，總啟「燕趙有佳人」以下所有的文字，可為一例。

六、連意承意：字句或章節之間，每句均以頂針的形式相互含銜，或以關鍵的字詞彼此相扣的方法，叫做連意承意。如本詩「蕩滌放情志，何為自結束」係由上文「晨風懷苦心，蟋蟀傷局促」的「懷」、「傷」而來；「晨風懷苦心，蟋蟀傷局促」係由上文「歲暮一何速」的「速」字而來；「歲暮一何速」係由上文「四時更變化」的「變化」而來；「四時更變化」係由上文「秋草萋已綠」的「秋草」而來；「秋草萋已綠」係由上文「迴風動地起」的「地」字而來；「迴風動地起」係由上文「透迤自相屬」的「透迤」而來；「透迤自相屬」係由「東城高且長」的「長」字而來。因「長」而「透迤」，因「透迤」而風沿「地」起，因地而「秋草」轉黃，因秋草而四時「變化」，因變化而歲暮何「速」，因速而「懷」「傷」其心，因懷傷而須「放情志」。詩無頂針之形，卻有頂針之實，可為一例。

以意相承是過峽，是轉折，也是詩文結構是否嚴謹的關鍵。詩文只要求其情境完足、意涵完整、前後能夠自成首尾即可，學者可以依其構想自由的嘗試。

（孔孟月刊四七九期、二〇〇二年七月）

分析表

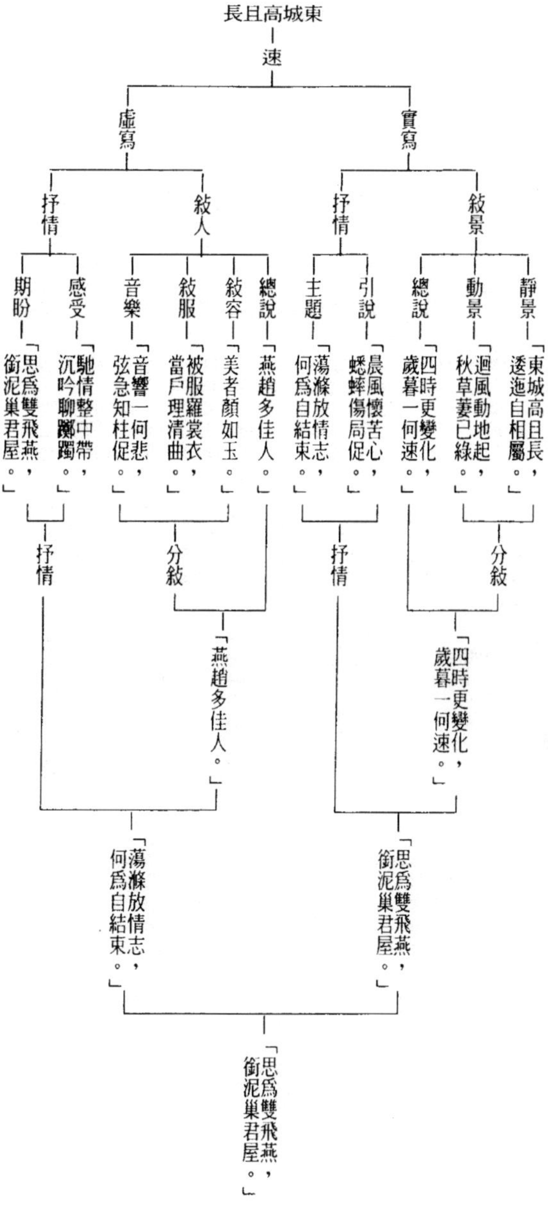

拾參、驅車上東門

驅車上東門，遙望郭北墓。白楊何蕭蕭，松柏夾廣路。
下有陳死人，杳杳即長暮。潛寐黃泉下，千載永不寤。
浩浩陰陽移，年命如朝露。人生忽如寄，壽無金石固。
萬歲更相迭，聖賢莫能度。服食求神仙，多為藥所誤。
不如飲美酒，被服紈與素。

注釋

1.〔驅車上東門〕：駕車向上東門駛去。驅車：趕車、駕車。上東門：漢洛陽有門十二，東有三門，最北邊的門稱為上東門。

2.〔遙望郭北墓〕：遙遙望見洛陽北邙山的墓群。郭北墓：洛陽城北有邙山，為漢人的聚葬之地。郭：外城。

3.〔白楊何蕭蕭〕：風吹拂著白楊樹，樹葉蕭蕭的聲音，多麼的悲涼。何：表慨嘆。蕭蕭：風吹樹葉的聲音。

4.〔松柏夾廣路〕：白楊和松樹、柏樹，種植在寬闊墓道的兩旁。夾：指兩側。廣路：寬廣的道路，此指墓道。

5.〔下有陳死人〕：墓中躺著死去很久的人。下：中，指墳墓之中。陳：久。

6.〔杳杳即長暮〕：墓裡昏暗，就如同無盡的長夜。杳杳：昏暗的樣子。杳：音ㄧㄠˇ。即：就。長暮：長夜。

7.〔潛寐黃泉下〕：深沉的睡在黃泉之下。潛寐：深睡。潛：深。寐：音ㄇㄟˋ，睡。黃泉：黃土深處的泉水，指地下；舊稱人死之後的去處。

8.〔千載永不寤〕：永遠不能再醒過來。千載：千年，有「永遠」之意。寤：音ㄨˋ，醒。

9.〔浩浩陰陽移〕：春夏秋冬無止無盡的轉移。浩浩：水廣大無際貌，此用來形容時間，有「無止無盡」之意，屬於轉化修辭。陰陽：春夏為陽，秋冬為陰。移：轉移。文選李善注：「神農本草曰：春夏為陽，秋冬為陰。」

10.〔年命如朝露〕：人的壽命，有如清晨的露水一樣的短暫；極言生命短暫。年命：壽命。朝露：清晨的露水。

11.〔人生忽如寄〕：人的一生迅疾有如寄居於世上。忽：疾速的、很快的。

12.〔壽無金石固〕：壽命不能像金屬、玉石一樣的堅固。金石：金屬、玉石，比喻堅固。

13.〔萬歲更相迭〕：自古以來年復一年的互相交替。萬歲：萬年，此指亙古以來。更相：互相。更：音ㄍㄥ。迭：音ㄉㄧㄝˊ，交替、替代。

14.〔聖賢莫能度〕：聖賢也無法超越短暫的壽命。度：通「渡」，超越。

15.〔服食求神仙〕：服食丹藥，求為長生不死的神仙。求神仙：即「求為神仙」、求為長生不死的神仙。

16.〔多「為」藥所誤〕：被。

17.〔被服紈與素〕：穿著絹綢華美的衣服。被服：穿著。被、服：均指「穿」。紈：音ㄨㄢˊ，白色細絹。素：白色生絹。

語譯

駕車向上東門駛去，遙遙望見洛陽北邙山的墓群。風吹拂著白楊樹，樹葉蕭蕭的聲音，多麼的悲涼，白楊和松樹、柏樹，種植在寬闊墓道的兩旁。墓中躺著死去很久的人，墓裡昏暗就如同無盡的長夜。深沉的睡在黃泉之下，永遠不能再醒過來。春夏秋冬無止無盡的轉移著，人的壽命有如清晨的露水一樣的短暫。人的一生迅疾有如寄居於世上，壽命不能像金屬、玉石一樣的堅固。自古以來年復一年的互相交替，即使聖賢也無法超越。服食丹藥求為長生不死的神仙，大都被藥誤殺了生命。不如暢飲美酒，穿著絹綢華美的衣服尋樂。

分析

人生數十寒暑，雖然不短，但在轉眼之間就結束了，所以王羲之對於短暫的生命，有「修短隨化，終期於盡」（蘭亭集序）無奈的感慨。陶潛以坦然豁出的態度，高唱「縱浪大化中，不喜亦不懼。應盡便須盡，無復獨多慮」（神釋），不再執著於生死之上。蘇軾在曠達之中，回過頭來享受生的喜悅，放情於「江上之清風，與山間之朋月；耳得之而為聲，目遇之而成色」（赤壁賦）的景物裡，而悠然自適。至於曹丕，則以「寄身於翰墨，見意於篇籍」（典論論文）做為終身的職志，盼能以有限的生命，寫出永恆的作品。面對生死，常人應對的方法雖然不少，但大體說來，不脫以上四種情形。

驅車上東門一詩，因見城北的墳墓而感慨人生短暫，而興起及時行樂的想法。全詩係以「人生忽如寄」的「忽」字為詩眼，在忽然「遙望郭北墓」、忽然感到「年命如朝露」時，作者以人生如寄為其主題，而完成了這篇一氣呵成的作品。詩分三部：

前部：敍述；敍因上東門而見墳墓，因見墳墓而悲從中來，並暗示對於死的恐懼。前部又分兩節：

一、敍景：敍上東門而見墳墓的情形。本節又分兩小節：

㈠總說：「驅車上東門，遙望郭北墓」：驅車前去東門，是詩人有意的行動，是詩人既定的計畫；至於遙望洛陽城北邙山的墓群，則是偶然的眺望，是無意的行為，但下文卻因此一「遙望」而引起感傷，而開啟所有的詩句。

就作者的本意來說，「驅車上東門」才是正事；但從詩文的寫作來講，「遙望郭北墓」才是主題。因為此一「遙望」，而使作者產生無窮的感慨，而將「上東門」的正事，整個移到因見「郭北墓」而抒其情懷之上。

㈡詳敍：「白楊何蕭蕭，松柏夾廣路」；直承上文「遙望郭北墓」而來，以白楊與松柏具體描寫郭北之墓的情形。從直立的白楊，迎風發出蕭蕭的聲音，寫其悲涼；從披覆的松柏，站在兩旁廣闊的馬路上，寫其冷落。白楊因其蕭蕭而益增其悲，廣路因人煙稀少而益增其廣，而益覺冷清。

太平御覽禮糸：「天子墳樹松，諸侯樹柏，卿大夫樹楊，士樹榆，尊卑差也。」儘管生前的地位不同，死後的墓樹也有差異，但均同歸於死則無二致，因此下文只以「下有陳死人」的「死人」二字，涵蓋所有已死的人，不再言其貴賤。

二、敍人：敍感人死之後，長眠地下而悲從中來。本節又分兩小節：

㈠總說：「下有陳死人，杳杳即長暮」：墳墓都在郭北，墓墓有人，所以加上「陳」

字以表其多，以表其人已死，永遠只能陳躺墓中。「杳」有幽冥之意，「杳杳」加上「長暮」，死人長眠地下之意，備覺鮮明。

前部一、二兩節描寫的對象都是墳墓，但前四句純就地上之物敘寫墓上之景，後四句則從墓中之物敘寫埋在地下的死人。

㈡詳敍：「潛寐黃泉下，千載永不寤」：首句潛寐黃泉之下，從空間小結上文所有的文字，並明示死後必然的結果。次句千年無法覺醒，從時間開啟下文所有的文字，並點出人生短暫的主題。「潛」有深埋土中、「永」有無法改變之意，兩者均有人死不能復生的感慨。

本節「潛寐黃泉下」，直承上文「下有陳死人」句，而進一步說明「陳」的情形；「千載永不寤」直承上文「杳杳即長暮」句，而把「長暮」的意象極度強化，四句的句型恰呈一、三與二、四句各自相承的情形。

中部：議論；從人生短暫，必歸於死，論無人能夠逃脫此一規律，並暗示對生的留戀。中部分為三節：

一、對意：「浩浩陰陽移，年命如朝露」：首句四季周而復始，歲月無窮無盡，與生命短促，有如早上的露水瞬間即逝，恰成強烈的對比；此一對比極寫人生的短暫。「浩浩陰陽移」與「千載永不寤」的「千載」、「杳杳即長暮」的「長暮」相應，是時間客觀過往的事實；「年命如朝露」則專就人的壽命而言，是人在時間上一點一點短暫存在的痕跡；兩者映襯之下，意頗象為鮮明。

二、譬意：「人生忽如寄，壽無金石固」：首句「人生忽如寄」的「寄」字，與次句「壽無金石固」的「金石」兩字相對、「忽」與「固」字相對，詩以譬喻而兼映襯的辭法呈顯主意，極寫人生短暫的無奈。

本節從人的立場、用譬喻的辭法，連以兩句正說「年命如朝露」、「人生忽如寄」，一句反說「壽無金石固」敍寫短促的生命，作者無奈的心情可想而知。

三、補意：「萬歲更相迭，聖賢莫能度」：直承上文補敍主題，並收束中部所有的文字。首句「萬歲」是數字之極，次句「聖賢」是人類之極；「萬歲」與「聖賢」兩相排並，凡人無法逾越生與死的循環，已經不言而喻。

中部計分三節，三節均以人生短促為其主意，反覆之中屢見無奈之情。又，就人而言，是「朝露」、「如寄」，就天地而言，則是「萬歲」、「千載」、「浩浩」，頗能寫出人對短促生命的留戀。

後部：落實；敍以飲酒、美服及時行樂，並暗示對活的無奈，後部分為兩節：

一、反說；「服食求神仙，多為藥所誤」：從反面敍寫凡人必有一死，企求長生不老的方法，絕不可行。

秦皇「資童男女入海求之（不死之藥）」，漢帝「遣方士入海求蓬萊」，盼能逃脫死的宿命，結果「終無有驗」，還是不免於一死。聖賢既「莫能度」，神仙也不可期，因此作者選擇及時行樂。

二、正說：「不如飲美酒，被服紈與素」：以飲酒與美服提出因應人生短暫的方法，並總結全詩。首句「不如飲美酒」的「不如」二字，反駁「服食求神仙」的不是，並將詩人沒有太多選擇的窘境，以隱約的手法表達出來。

前部「驅車上東門」以下八句，暗示對死的恐懼；中部「浩浩陰陽移」以下六句，暗示對生的留戀；後部「服食求神仙」以下四句，暗示對活的無奈。因墓而思及死，因死而思及時行樂，詩在一路鋪陳之下，自然含情而不失理趣。

批評

意象，是詩文表達在字句之間的意思，也是整體作品呈現出來的主意。意象依其情境、依其布局，可以清楚直接，也可以隱約含蓄；可以一意鋪陳，也可以轉折頓挫；方法很多，行文時可以自由選用。如就驅車上東門一詩論其意象表達的方法，則有下列五種：

一、對比意象：以同一事物、正反兩面不同的現象，或正反不同的事物兩相對比，期使意象鮮明的方法，叫做對比意象。如本詩「浩浩陰陽移」與「年命如朝露」兩句，一永恆，一短暫，可為一例。

二、層遞意象：以漸進或比較鮮明意象的方法，叫做層遞意象。如本詩「服食求神仙，多為藥所誤。不如飲美酒，被服紈與素」一節，以「不如」二字層遞意象，可為一例。

三、譬喻意象：以譬喻的辭法，使本來不為人知或不甚熟悉的意象鮮明起來，叫做譬喻意象。如本詩「人生忽如寄，壽無金石固」句，以譬喻的辭法極寫人生的短促，可為一例。

四、錯綜意象：將原本可以順序行文的字句，以上下交錯表抒意象的方法，叫做錯綜意象。如本詩「潛寐黃泉下」直承上文「下有陳死人」、「千載永不寤」直承上文「杳杳即長暮」一節，一、三與二、四句各自承接，可為一例。

五、補敘意象：因上文意猶未盡或下文有待加強，而以補敘的方式補足或強化意象的方法，叫做補敘意象。如本詩以「萬歲更相迭，聖賢莫能度」句，補敘並強化上文人生短促的主題，可為一例。

意象，是作者情志與讀者閱讀時，透過文字而使彼此得以互動、得以共鳴的意思，因此不管採用直接表達或隱約暗示的方法，詩文的意象均得完足，才能算是完整的作品。

（孔孟月刊四八〇期、二〇〇二年八月）

分析表

- 驅車上東門
  - 忽
    - 敘述
      - 敘景
        - 總說 — 「驅車上東門，遙望郭北墓」
        - 詳敘 — 「白楊何蕭蕭，松柏夾廣路」
        - → 地上墳墓
      - 敘人
        - 總說 — 「下有陳死人，杳杳即長暮」
        - 詳敘 — 「潛寐黃泉下，千載永不寤」
        - → 地下死人
      - → 暗示對死的恐懼
    - 議論
      - 對意 — 「浩浩陰陽移，年命如朝露」
      - 譬意 — 「人生忽如寄，壽無金石固」
      - 補意 — 「萬歲更相迭，聖賢莫能度」
      - → 暗示對生的留戀
    - 落實
      - 反說 — 「服食求神仙，多爲藥所誤」
      - 正說 — 「不如飲美酒，被服紈與素」
      - → 暗示對活的無奈
  - → 「不如飲美酒，被服紈與素」

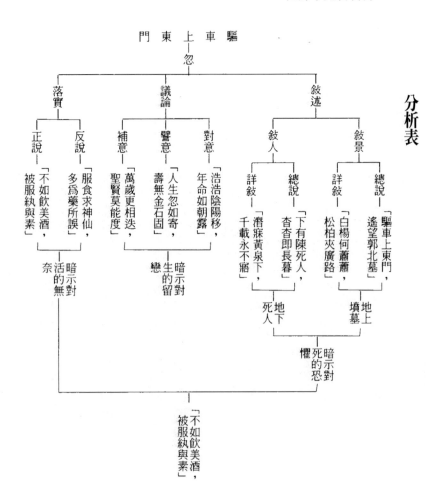

拾肆、去者日以疏

去者日以疏，來者日以親。出郭門直視，但見丘與墳。古墓犁為田，松柏摧為薪。白楊多悲風，蕭蕭愁殺人。思還故里閭，欲歸道無因。

注釋

1.〔去者日以疏〕：死去的人已被日漸疏遠；意指死者已被日漸淡忘。去者：死去的人。者：的人。日：日漸。以：已。疏：疏遠；有「淡忘」之意。

2.〔來者日以親〕：活著的人則已日漸親密。來者：來世的人，即「生者」、活著的人。以：已。親：親密。

本詩如果直敘，應該是「出郭門直視」六句之後，接「去者日以疏」二句，末以「思還故里閭」二句總結全詩。

3.〈出郭門直視〉：走出外城門直接觀察。郭門：外城門。郭：外城。直視：直接觀察。

4.〈但見丘與墳〉：只看見到處都是墳墓。但：只。丘：墳墓。墳：墓之封土隆起者。丘墳：指墳墓，兩字時常合用，屬於同義複詞。

5.〈古墓犁為田〉：古墓，以前的墳墓；此指荒棄者。犁：耕。為：成。

6.〈松柏摧為薪〉：摧，摧折、毀壞。薪：柴。古墓犁為田，松柏摧為薪：意指「去者日以疏」。

7.〈白楊多悲風〉：白楊樹間吹來陣陣悲涼的風。多：表數量之多，有「陣陣」之意。悲風：悲涼的風。

8.〈蕭蕭愁殺人〉：即「蕭蕭使人愁煞」，蕭蕭作響的聲音，使人愁苦到了極點。蕭蕭：風吹樹葉的聲音。愁：致使動詞，使……愁苦。殺：通「煞」，很、甚。

9.〈思還故里閭〉：想返回故鄉。還：回、歸。故里閭：故鄉。閭：音ㄌㄩ，古二十五戶為一閭。故里、故閭：均指故鄉。還：又通「環」，環繞；即思緒環繞著故鄉。

10.〈欲歸道無因〉：即「欲歸無因道」，想回去卻沒有機緣和方法實現。道：方法。因：由，指「機緣」。

語譯

死去的人已被日漸疏遠，活著的人則已日漸親密。走出外城門直接觀察，只看見到處都是墳墓。以前的墳墓已被耕為田地，松樹、柏樹已被摧折而成木柴。白楊樹間吹來陣陣悲涼的風，蕭蕭作響的聲音，使人愁苦到了極點。我想歸返故鄉，想回去卻沒有機緣和方法實現。

分析

古人除了追求功名或躲避災難之外，絕不輕易離開自己的鄉里。鄉里是根，是家，也是人最後的歸宿。所以項羽破秦，手握天下的大權之後，「心懷思欲東歸，曰：富貴不歸故鄉，如衣繡夜行，誰知之者」（史記項羽本紀）。王粲久居異地，有志難伸，在登樓四望之餘，慨然長嘆「雖信美而非吾土兮，曾何足以少留」（登樓賦）。富貴顯達的人，想回故里炫耀輝煌的成就；落拓窘困的人，則把家鄉當做唯一庇護的懷抱；境遇儘管有所不同，但均以鄉里為其歸宿，則無二致。

去者日以疏一詩，因出郭門目睹丘墳而感慨滄海桑田、人事無常，因感慨人事無常而想返歸鄉里：「欲歸道無因」的「歸」字，正是全詩的詩眼。詩在「歸」的主題之下，以「疏」明敍死後「犁為田」、「摧為薪」之悲，以「親」反說欲歸而「道無因」之苦。從這些悲苦之中，我們似乎可以看到東漢末年有志之士徬徨無依的情形。詩分三部：

前部：前提；以對比的去疏、來親立論開啟下文，並遙為欲歸鄉里埋下伏筆。

「去者日以疏，來者日以親」：就生者而言，去者已經辭世，辭世不能常相左右，當然日漸疏遠；就死者而言，去者已經離開人世，已經埋在地下，當然與社會日漸脫節。至於來者，就在眼前，就在周遭，當然日漸親密。

前部並提親疏二字，從表面上看，是兩意並重；從上下詩句的銜接來看，則以「去者日以疏」句開啟下文六句感慨的文字，顯然側重在於「疏」上；但如從全詩的結構分析，則知「去者日以疏」雖然開啟下文六句，但「來者日以親」則以前提遙為詩末「思還故里閭，欲歸道無因」兩句主題埋下了伏筆。

中部：敍述；直承上文「去者日以疏」句而來，敍寫去者埋在丘墳之中，丘墳被犁為田、被析為薪的可悲。中部又分三節：

一、總說：「出郭門直視，但見丘與墳」；走出郭門是無意的動作，只見丘墳卻是全詩寫作的動機；詩在此一動機之下，鋪展而成人生短暫、不如返歸故里的感嘆。

「直視」之下，「但見」丘墳，頗有到處都是墳墓、滿眼盡感蕭條的情景。又，土阜為丘，聚土為墳，丘墳綜而言之，均指墳墓；此句把丘墳兩者分開，除了可以完足一句五字的詩格之外，還能營造累累墳墓、不勝其多視覺上的觀感。

二、詳敘：「古墓犁為田，松柏摧為薪」：直承上文「但見丘與墳」句而來，敘丘墳如今無人照管的情形。

古墓因年久失修而被犁為田地，松柏因墳已經毀壞而被摧折成薪；生者從眼前丘墳的情景，想到死後歸於幻滅、滄海可成桑田的悲涼，因此才有詩末不如歸去的渴望。

三、感嘆：「白楊多悲風，蕭蕭愁煞人」：白楊植在墳上，因見白楊而悲從中來，這是觸景生情；風吹白楊樹上，其聲蕭瑟淒涼，作者以此寫其情感，這是藉景抒情。首句「白楊多悲風」，以物暗示悲情；次句「蕭蕭愁煞人」，則將一己的情感傾洩而出；兩句乍看之下一氣呵成，其實詩在平順之中，自有轉折的趣味在。

中部以「出郭門直視，但見丘與墳」總說，以「古墓犁為田，松柏摧為薪」敘墓下之景，以「白楊多悲風，蕭蕭愁煞人」寫墓上之景；描寫的文字雖然不多，卻頗為具體。又，中部以平鋪直敘的方式描寫，詩中似乎並無太多的感情；但仔細的分析，則知「但見丘與墳」的「但」字，有到處都是的悲情；「犁為田」、「摧為薪」，有人事無常的傷感；「多悲風」、「愁煞人」，有不禁悲從中來的無奈。

後部：落實；遙應詩端「來者日以親」句，敘其不如歸去的期盼。

「思還故里閭，欲歸道無因」：以欲歸故里明示己志，並總結全詩。首句「思還」

係從上文丘墳的感慨而來，似有一絲領悟的喜悅；但此喜悅卻在下句「道無因」的現實之下，再次墜入絕望之中，詩也因此絕望而以悵然若失的氣氛，波蕩在讀者的心上，留給後人除了浩嘆之外，還是浩嘆！

本詩以「出郭門直視」六句正敍其疏，以「思還故里閭」二句反敍其親；親、疏兩者在「歸」字的主題下，雙軌並行，最後同歸於「道無因」的嘆息之中，這是作者深沉的感慨，也是詩作布局的高明之處。本詩直敍的順序，應是「出郭門直視」六句，接「去者日以疏」兩句，最後才以「思還故里閭」二句總結全詩。但作者卻將去疏、來親故意提到詩端做為前提，並以此一前提敍其景、抒其情，而使詩有突兀、轉折的趣味，而深化詩的意涵，並拓展詩的意境。此一技巧雖小，卻使全詩有了全然不同的面貌。

驅車上東門一詩，僅以白楊蕭蕭、松柏廣路的墓上之景，傷其老死；去者日以疏則在白楊悲風、蕭煞愁人之外，感慨墳墓被犁為田、被析為薪、死後無人照管的可悲。兩詩的動機雖然類似，但其情感卻有深淺之別。

批　評

詩的文字不多，卻能表達深刻的情節、情境與情感；詩的格式固定，卻能在最大的限制下，鋪寫出最多的意涵，這應歸功於詩人高妙的心思與巧妙的布局。詩的布局可以形式表其主題，也可用文意過峽詩句，方法很多，不一而足。如就去者日以疏一詩論其布局的方法，則有下列四種：

一、主題明意：主題或隱或顯，或點到即止或重覆出現，端視全詩的情境與作者的構想而定。如本詩並列去疏、來親為其前提，而敍丘墳衰敗的情形，而轉出「思還故里閭，欲歸道無因」的歸返故里為其主題，可為一例。

二、雙軌呈意：詩在同一主題之下，採入並重、側重或對比的意念，鋪寫而成一首完整的詩文，叫做雙軌呈意。如本詩以「去者日以疏，來者日以親」的去與來、疏與親鋪敍成詩，可為一例。

三、單線曲意：同一景物或同一情感，以不同的手法、從不同的角度變化描寫，以免因平板單調而了無趣味可言。如本詩描寫丘墳的文字，以「出郭門直視」兩句總說，以「古墓犁為田」二句具體詳敍，「白楊多悲風」兩句抒其情感，可為一例。

四、錯落深意：為使詩的意思更為深刻，並製造突兀、轉折或引起注意的效果，可以把本來平鋪直敍的次序，加以合理的重整或錯落。如本詩順敍應為「出郭門直視」六句、「去者日以疏」二句、「思還故里閭」兩句，但作者卻以錯落的手法改變詩句的次序，可為一例。

布局得當，可使深刻的意思更為機警，可使平淡的字句頓時靈動起來。但應注意的是：詩句儘管可以變化、可以錯落，卻須合於情理，否則就有零落紊雜、甚至使人不知所云的情形了。

（孔孟月刊四八一期、二〇〇二年九月）

分析表

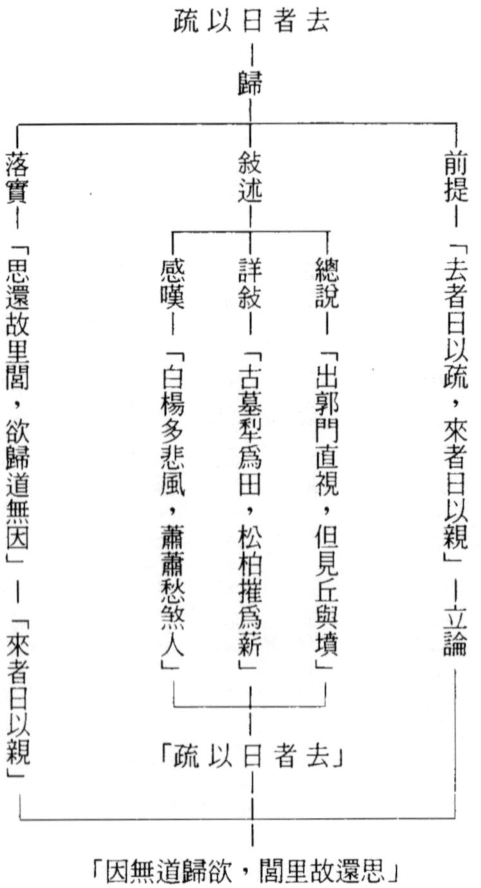
疏以日者去
歸
前提
「去者日以疏，來者日以親」
立論
敍述
總說
「出郭門直視，但見丘與墳」
詳敍
「古墓犁爲田，松柏摧爲薪」
感嘆
「白楊多悲風，蕭蕭愁煞人」
「疏以日者去」
落實
「思還故里閭，欲歸道無因」
「來者日以親」
「因無道歸欲，閭里故還思」

拾伍、生年不滿百

生年不滿百，常懷千歲憂。晝短苦夜長，何不秉燭遊？為樂當及時，何能待來茲？愚者愛惜費，但為後世嗤。仙人王子喬，難可與等期。

注釋

1.〔生年不滿百〕：人的壽命不到一百歲。生年：有生之年，指壽命。

2.〔常懷千歲憂〕：時常抱著千年的憂愁。懷：抱、持。千歲憂：千年的憂愁，極言憂愁之多。又指「時常憂慮死後諸多的事情」。懷：思、憂慮。

3.〔晝短苦夜長〕：即「苦晝短夜長」，苦於白天短暫而夜晚漫長。苦：苦於，即「為……所苦」。又，「苦」也可以釋為患、憂。

4.〔何不「秉」燭遊〕：音ㄅㄧㄥˇ，持、拿。何不「秉」燭遊：又作「燃」解。

5.〔為樂當及時〕：即「當及時為樂」，應當及時行樂。為樂：行樂。

6.〔何能待來茲〕：怎麼可以等待來年呢？來茲：來年、即未來的時光。茲：年。

7.〔愚者愛惜費〕：愚笨的人吝惜錢財。愛惜：吝惜。愛：吝惜。費：費用，此指錢財。

8.〔但為後世嗤〕：只會被後代的人們所嘲笑。但：只。為：被。嗤：音ㄔ，嘲笑。

9.〔王子喬〕：周靈王的太子，因得道而成仙。劉向列仙傳：「王子喬者，周靈王太子晉也，好吹笙作鳳鳴，遊伊洛間，道士浮丘公接以上嵩高山。」

10.〔難可與「等期」〕：同樣的希望；此指同樣的長生不老。等：同。期：希望，指成仙。

語　譯

人的壽命不到一百歲，卻時常抱著千年的憂愁。苦於白天短暫而夜晚漫長，為何不拿著燭火遊玩呢？應當及時行樂，怎麼可以等待來年呢？愚笨的人吝惜錢財，只會被後代的人們所嘲笑。得道成仙的王子喬，一般人很難期待能夠和他一樣的長生不老。

分析

詩經唐風山有樞云：「山有樞，隰有榆。子有衣裳，弗曳弗婁；子有車馬，弗馳弗驅。宛其死矣，他人是愉。」有衣不穿，有車不乘，死後徒然留給別人享用，值得嗎？漢樂府西門行云：「出西門，步念之：今日不作樂，當待何時？逮為樂，逮為樂，當及時！何能愁怫鬱，當復待來茲？釀美酒，炙肥牛，請呼心所歡，可用解憂愁。人生不滿百，常懷千歲憂；晝短苦夜長，何不秉燭遊。遊行去去如雲除，弊車羸馬為自儲。」釀飲美酒，炙食肥牛，從心所欲以解憂愁，何必常懷抑鬱之情呢？本詩「生年不滿百」源自詩經唐風的山有樞詩，而與漢樂府西門行同為感慨人生短暫、應該及時行樂的詩歌。

生年不滿百一詩，因感人事無常、為樂必須及時而鋪寫成詩，所以「為樂當及時」的「樂」字，正是本詩的詩眼。以「樂」為其主題，從人的壽命、晝夜的長短、為樂必須及時三者，彼此織結而成詩文，詩在兩相對比之下，意象頗為鮮明。詩分三節：

一、前提：敘人生短暫、何不秉燭而夜遊。本節又分兩小節：

㈠情境：「生年不滿百，常懷千歲憂」：起筆直接入題，以簡明肯定的文字，說明人在世上客觀的現象。首句以人的壽命不能過百，做為全詩何不及時行樂的張本。次句以人的愁憂超過千歲，預為下文「為樂當及時」預立前提。在「不滿百」與「千歲憂」

鮮明的對比之下，人的壽命似乎已經短得不能再短了。

首句「生年不滿百」，正說人的生命有限；次句「常懷千歲憂」，反說人何必做苦自己。正說以反筆的「不」字、反說以正筆的「常」字敍寫，詩在正中有反、反中有正之間，頗富轉折與錯落的美感。又，曹操短歌行「對酒當歌，人生幾何？譬如朝露，去日苦多」一詩，雖有自比周公以建功業的雄心大志，但就此四句、就時光易逝的感慨而言，則與本詩抒發的題意若合一契。

㈡方法：「晝短苦夜長，何不秉燭遊」：直承上文人生短暫、凡人常憂的詩句，而提出秉燭夜遊的因應方法。秉燭夜遊是因晝短夜長，及時行樂是因短暫多憂；詩從生年的暫及於白晝的短，自然平順之中，自有令人悚然而驚的長嘆。

「生年不滿百」四句，援引漢樂府西門行的詩句，以抒其深刻的感觸，與曹丕善哉行「人生如寄，多憂何為？今我不樂，歲月如馳」一節，均已寓含人當及時行樂的主題。

二、議論：以「為樂當及時」為其主意，並以反詰、引例呈顯全文的題旨。本節又分兩小節：

㈠立論：「為樂當及時，何能待來茲」：直承上文「何不秉燭遊」句而來，敍及時行樂才能忘懷人生苦短的無奈。「何不秉燭遊」是具體的做法，「為樂當及時」是人生的態度，至於「何能待來茲」句，則以反詰進一步強調「為樂當及時」的主題。

「何不秉燭遊」的「何不」，只是建議；「何能待來茲」的「何能」，則有必須如此之意；從「何不」到「何能」，詩有層遞深化的效果。又，曹丕芙蓉池之作「壽命非松喬，誰能得神仙？遨遊快心意，保己終百年」一節，盼以遨遊度其一生，恰與本詩「為樂當及時」之意相互吻合。

㈡引例：「愚者愛惜費，但為後世嗤」：以愚者與詩人對比，直承上文強化「為樂當及時」的主題。「千歲憂」與「愛惜費」是人陷苦境的兩大主因，也是「愚者」為「後世」所嗤的緣由。因此唯有及時行樂，才能免除因懷憂而愁苦人生短暫，因惜費而為後世所嗤矣。

「為樂當及時」兩句以正說、「愚者愛惜費」兩句以反說敍議及時行樂的主題。但在正說之中，以「何能待來茲」句反詰；反說之中，以肯定的語氣敍議；文字雖然不多，意思卻因曲折而豐贍了起來。曹丕短歌行「仰瞻惟幕，俯察九筵，其物如故，其人不存」一節，物是人非之感，正是愚者惜費、為世所嗤的注腳。

三、感嘆：「仙人王子喬，難可與等期」：照應上文「生年不滿百」與「為樂當及時」句，並以深沉的感嘆總結全詩。仙人本不可期，愚者才惜其費，因此詩人主張唯有及時行樂，才能去憂免嗤而安度自己的一生。

曹植贈白馬王彪「苦辛何慮思？天命信可疑。虛無求列仙，松子久吾欺」一節，既言人事無常，又嘆人生短暫，字裡行間正是仙人難與等期的意思。

本詩短短十句，不但說明懷憂、惜費所以不樂的原因，同時也將年不滿百、難與仙人等期的無奈，盡數抒發在紙面之上。文字平淺，語句自然，但其感慨卻比驅車上東門、去者日以疏更深，的確是一首足可發人深省的作品。

批評

從古往今來的時間中，截取一段或限定一點做為情境，正是寫作時常採用的手法。時間是文章不可或缺的要素，因此有人以數詞或名詞直接點明，有人則以限定或泛指的方式表抒；只要襯合情境，不管採用何種方法，都能達到預期的效果。如就「生年不滿百」一詩論其時間的寫法，則有下列四種：

一、時間數詞：以一、二、三常見的阿拉伯數字或幾分之幾的分數形式敘寫，都屬於時間數詞。時間數詞因數字明確，所以讀來一目瞭然。如本詩「生年不滿百，常懷千歲憂」的「百」與「千」字屬之。

二、時間名詞：以世、紀、四季或日夜等名詞敘寫時間，文章可以在表達的數字之外，兼具修飾的美感。如本詩「晝短苦夜長」的「晝」、「夜」兩字，以晝代替早上六時到下午六時左右的時間，可為一例。

三、時間限定：以某一定點做為文章敍述的主境，可使作品在此一定點之上，得到適度的強化或廣化。如本詩「為樂當及時」的「及時」二字，時間限在每一個當下，頗能引起讀者深刻的感觸。

四、時間泛指：以空泛的時段或某一定點以上、以下所有的時間，做為文章的情境，可以涵蓋較多、較廣的時間背景。如本詩「何能待來茲」的「來茲」與「但為後世嗤」的「後世」，均從現在的一點延伸到無窮的未來，可為一例。

時間，是組成作品的五大要素之一，也是將人、事、地、物固定在某一定點的因子，所以拿起筆來寫作時，如何恰如其分的表達時間，也是寫作必須講究的作法之一。

（孔孟月刊四八二期、二〇〇二年十月）

分析表

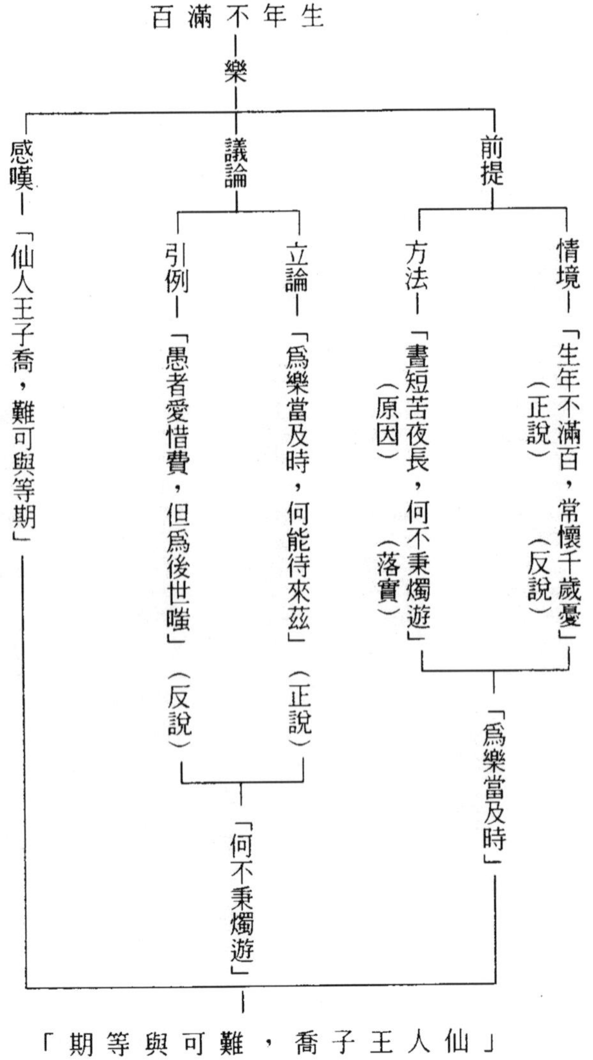
生年不滿百
樂
前提
情境
「生年不滿百，常懷千歲憂」
（正說）
（反說）
方法
「晝短苦夜長，何不秉燭遊」
（原因）
（落實）
「為樂當及時」
議論
立論
「為樂當及時，何能待來茲」
（正說）
引例
「愚者愛惜費，但為後世嗤」
（反說）
「何不秉燭遊」
感嘆
「仙人王子喬，難可與等期」
「仙人王子喬，難可與等期」

拾陸、凜凜歲云暮

凜凜歲云暮，螻蛄夕鳴悲。涼風率已厲，遊子寒無衣。
錦衾遺洛浦，同袍與我違。獨宿累長夜，夢想見容輝。
良人惟古歡，枉駕惠前綏。願得常巧笑，攜手同車歸。
既來不須臾，又不處重闈。亮無晨風翼，焉能凌風飛？
眄睞以適意，引領遙相睎。徙倚懷感傷，垂涕霑雙扉。

注釋

1.〔凜凜〕：寒氣逼人的樣子。凜：音ㄌㄧㄣˇ，寒冷。
2.〔歲云暮〕：即「歲暮」，歲末、一年即將過去。云：助詞。
3.〔螻蛄〕：音ㄌㄡˊ ㄍㄨ，體長寸餘，褐色，四足，頭形如狗，故俗稱土狗。
4.〔鳴悲〕：即「悲鳴」，悲悽的鳴叫。

5.〔涼風率已厲〕：寒風大概已經很猛烈了。涼風：寒風。率：大概。厲：猛烈。

6.〔遊子寒無衣〕：遊子可能沒有禦寒的衣服；此為思婦惦念之詞。

7.〔錦衾遺洛浦〕：錦被贈送給美女；意指良人另結新歡。錦衾：錦被。衾：音ㄑㄧㄣ，被也。遺：音ㄨㄟˋ，贈送。洛浦：洛水之濱，此以洛浦女神，借指美女。浦：音ㄆㄨˊ，水邊。曹植洛神賦序云：「黃初三年，余朝京師，還濟洛川。古人有言斯水之神，名曰宓妃。感宋玉對楚王神女之事，遂作斯賦。」洛浦：本指洛神宓妃，後來泛稱美女。宓：音ㄈㄨˊ。

8.〔同袍與我違〕：丈夫和我相背離了。同袍：同其衣袍，關係密切，此指丈夫。違：相背、背棄。

9.〔獨宿累長夜〕：獨自睡覺經過多少漫長的夜晚；極寫孤獨之意。累：音ㄌㄟˇ，增加、累積。

10.〔夢想見容輝〕：夢中想著能夠看到你的容顏。容輝：容顏、容貌。

11.〔良人惟古歡〕：良人還想念著舊情。良人：丈夫。惟：思。古歡：舊日喜歡的人，指思婦。

12.〔枉駕惠前綏〕：親自駕車迎娶，給我上車的繩索。枉駕：委屈自己（丈夫）駕車前來。枉：委屈，敬詞。惠：賜、給。前綏：挽婦上車的繩索。綏：繩索。

禮記昏義：「（婿）出御婦車，而婿授綏，御輪三周。」新郎駕車迎娶新婦，必須授綏挽婦上車。

13.〔願得常巧笑〕：希望時常看到美好的笑容。願：希望。得：得到，此指看到。巧笑：美好的笑容。

14.〔攜手同車歸〕：牽手一起乘車回去。攜手：牽手。

15.〔既來不須臾〕：既然來了停留不一會兒。來：指良人進入夢中。不須臾：不久、不一會兒。須臾：片刻、不久，指時間短暫。

16.〔處重闈〕：處，居住。重闈：深閨，指女子房間。闈：音ㄨㄟˊ，閨門。

17.〔亮無晨風翼〕：實在沒有晨風鳥般的羽翼。亮：信、實。晨風：鳥名，鷹鸇之類，善飛。翼：翅膀。

18.〔凌風〕：乘風。亮無晨風翼，焉能凌風飛：沒有晨風鳥般的翅膀，不能隨著夢中的丈夫，一起乘風飛去。

19.〔眄睞以適意〕：游目四顧藉以寬慰心懷。眄睞：音ㄇㄧㄢˇ ㄌㄞˋ，游目四顧。眄、睞：均指斜視。以：藉以、用來。適意：寬慰心懷。適：寬慰，動詞。

20.〔引領遙相睎〕：伸長脖子遠遠的眺望。引領：延頸、伸長脖子，有期盼之意。引：

延伸。領：借指脖子。相睎：即睎之，眺望良人所在。相：代詞性助詞。睎：音ㄒㄧ，望也。

21.〔徙倚〕：徘徊。徙：音ㄒㄧˇ，移也。

22.〔「懷」感傷〕：含、抱，動詞。

23.〔垂涕霑雙扉〕：流下淚來沾溼了兩片門扇。垂涕：流淚。垂：流、落。霑：音ㄓㄢ，沾溼。扉：音ㄈㄟ，門扇。

語譯

寒氣逼人的歲末時節，螻蛄在晚上悲悽的鳴叫著。寒風大概已經很猛烈了，遊子可能沒有禦寒的衣服。錦被贈送給美女，丈夫和我相背離了。獨自睡覺經過多少漫長的夜晚，夢中想著能夠看到你的容顏。良人還想念著舊情，親自駕車前來迎娶、給我上車的繩索。希望時常看到我美好的笑容，牽手一起乘車回去了。既然來了停留不一會兒，又不住在深閨之中。實在沒有晨風鳥般的羽翼，怎能乘風飛翔呢？游目四顧藉以寬慰心意，伸長脖子遠遠的眺望。往來徘徊懷著感傷的心情，流下淚來沾溼了兩片門扇。

分析

詩以言志為主，有其主題、有其結構、有其一定的形式。但因詩的篇幅不多，文字簡省，語意盡而不盡，無法像散文一樣細說分明；所以相同的詩，有人從主觀的意識、有人從思想的層面、有人從字句的意思、有人從行文的筆法來看，往往會有各自不同的詮釋。「凜凜歲云暮」一詩，元劉履選詩補註，從君國的角度上說；「此忠臣見棄，而其愛君憂國之心，不能自已。故託婦人思念其夫，而作是詩。」清張庚古詩十九首解，從朋友的角度上說；「此詩大抵客遊無賴而思故人拯之。」至於張玉穀古詩賞析，則從詩意的角度上說：「此亦思婦之詩。」

事實上，本詩只是思婦觸景生情，想念羈旅未歸的遊子，由思而夢，由夢而醒，醒後惆悵難以排遣的情懷。全詩係以「同袍與我違」的「違」字為其詩眼，敍因乖違兩地而終日想念的相思之情。詩分四部：

首部：情境；敍思婦觸景生情，因天冷而惦掛遊子禦寒之衣無著。首部又分兩節：

一、敍景：「凜凜歲云暮，螻蛄夕鳴悲」：以天寒歲暮為其情境，並興起全詩。首句客觀敍寫天候與時令，做為思婦憶想的背景；次句以轉化的手法、以主觀的感受，將螻蛄本來不含情感的鳴，加上「悲」字，藉以暗示自己當時的情感。

時值歲末、天氣寒冷、螻蛄夕鳴其悲；「凜凜」與「鳴悲」的「悲」字，是人直接的感覺；「歲云暮」的「暮」與「夕鳴悲」的「夕」字，是人處此境沾染的氣氛；兩者相加，人在淒涼的冬日景下，隱約可見。

二、敍人：「涼風率已厲，遊子寒無衣」：以寒風猛烈，引出遊子無衣的情感。首句直承上文「凜凜歲云暮」句，強化寒氣逼人的氣候；次句則將上文「螻蛄夕鳴悲」的「螻蛄」，引到「遊子」身上；將「鳴悲」的「悲」字，指向思婦悲其無衣禦寒的「遊子」。

就全詩而言，首部四句是全詩的情境；就首部而言，氣候是人、物的情境；就人、物而言，螻蛄鳴悲是遊子無衣的情境。下文則以「遊子寒無衣」五字為其情境、為其前提，總啟所有的詩句。

二部：處境；敍思婦因相離而相疑，因相疑而猜想良人已經移情別戀了。二部又分兩節：

一、敍子：「錦衾遺洛浦，同袍與我違」：直承上文「遊子寒無衣」句而來，由「衣」敍及「被」，由「被」而疑其良人與己漸行漸遠。洛浦，洛水之濱、洛浦女神，暗喻美女。錦衾遺之，意指另結新歡；同袍，同其衣袍，借代丈夫；同袍違我，意指棄己而去。

本節從上文「遊子寒無衣」的「衣」字，想到夫婦理應「同袍」的情形；從上文「螻蛄夕鳴悲」的「夕」字，想到夜來就寢須蓋其被的「錦衾」二字，這是聯想；至於錦衾送人、同袍相違，則是思婦久違不見良人之下，無端的懷疑。

二、敍己：「獨宿累長夜，夢想見容輝」：收束首部、二部文字，並開啟下文八句「夢想」的文字。「長夜」加上「累」字，長夜似乎沒有盡頭；自己「獨」處此境，自有度日如年的悲苦，自有衷心期盼遊子歸來的「夢想」。

「錦衾遺洛浦」兩句，懷疑良人移情別戀，似乎有怨，但待下文「獨宿累長夜」兩句一出，已經不見怨的蹤影了。婦人在思念的煎熬之下，心情起起伏伏，由此可見一斑。

三部：夢境：敍良人從前迎娶與如今入夢的情形。三部又分兩節：

一、敍昔—喜：敍良人從前迎娶甜蜜的情形。本節又分兩小節：

1. 迎娶：「良人惟古歡，枉駕惠前綏」：思婦之言；良人前來迎娶的情形。「良人」，點明思念的對象；「枉駕」，說明感念的心情。首句「惟古歡」，想念舊情，寫其心意；次句「惠前綏」，給我繩索上車，寫迎娶的經過。

2. 迎歸：「願得常巧笑，攜手同車歸」：良人之意；良人前來迎歸的情形。首句敍其心意，次句敍其情形；本節直承上文「良人惟古歡」兩句，覆述從前其夫迎娶的經過。

本節「良人惟古歡」與「願得常巧笑」句，俱寫其夫的心意；「枉駕惠前綏」與「攜手同車歸」句，俱寫迎娶的情形。詩以一、三與二、四，心意與迎娶交錯的句型，反覆敍寫甜蜜的回憶，甜蜜之中滿是回憶的喜悅。

二、敍今—悲；敍好夢易醒，無法隨夫而去。本節又分兩小節：

1.悲促—怨人：「既來不須臾，又不處重闈」：怨其良人來去匆匆。因停留短暫而悲，因未處重闈而悲，本節連以兩個「不」字寫其雖聚猶悲的心情，具體而又鮮明。

2.悲離—怨己：「亮無晨風翼，焉能凌風飛」：怨己不能展翼飛行。因無晨風之翼，未能乘風飛翔，所以只好任由良人從夢境之中消逝。

本節不說夢醒不見伊人，卻言自己未能隨夫而去，思婦頗有但願與夫相聚夢中，永遠不醒，而不願夢醒之後，唯我獨處的感慨。

本節「既來不須臾」兩句，連以「不」字敍其相聚之悲；「亮無晨風翼」兩句，則以反詰的語氣敍其相離之悲；思婦愈近夢醒，情感愈轉悲涼的趣味，油然而生。

四部：實境；敍夢醒之後，再次回到現實，眺望徘徊、不見遊子的情形，並總結全詩。四部又分兩節：

一、眺望：「眄睞以適意，引領遙相睎」：就視覺說；以「眄睞」游目四顧，寫其徬徨無依、不知所歸的情形；以「引領」伸長脖子，寫其殷殷期盼、眺望良人的情形。思婦又遠眺、又四顧，盼夫早歸的心情，不言而喻。

二、徘徊：「徙倚懷感傷，垂涕霑雙扉」：就行為說；人徘徊不前，心感傷不已，淚水自然掉個不停。「徙倚懷感傷」句，直承上文「眄睞」與「引領」兩句而來；「垂涕霑雙扉」則直承上句「徙倚」而來；四部的文字，句句相扣，意意相連，詩的文字雖然平淺，人的情感卻頗深刻。

本詩由景而思，由思而夢，由夢而醒，由醒而悲，墨色逐層加深，情意款款動人。由情境而處境，由處境而夢想，由夢想而拉回現實，筆法雖然曲折錯落，但思婦的相思之情，卻早已呈現在讀者的眼前了。

批評

錯落是變化，是轉折，是在平順的字句之中，營造出抑揚頓挫或強化意象的效果。錯落，除了參差、虛實的形式之外，還有整齊與規律的美感。如就「凜凜歲云暮」一詩論其錯落的方法，則有下列四種：

一、整齊錯落：以交錯的方式彼此排並，使字句在變化之中，仍然整齊有致，叫做整齊錯落。如本詩「良人惟古歡，枉駕惠前綏。願得常巧笑，攜手同車歸」一節，一、三句均寫良人的心意，二、四句均寫迎娶的情形；字句雖然交錯，但其排列卻很整齊。

二、規律錯落：以一定的規則交替敘描；因為一定，所以規律；因為交替，所以錯落，叫做規律錯落。如本詩「凜凜歲云暮」四句，情境；「錦衾遺洛浦」四句，處境；「良人惟古歡」八句，夢想；「眄睞以適意」四句，落實。由情境敘及處境，是拉回現實；由夢想及於落實，也是拉回現實。詩分四部，二、四兩部都將筆觸拉回現實，屬於規律錯落。

三、參差錯落：以前後不同的句型，敘寫相關的意念，叫做參差錯落。如本詩敘寫夢境時，以反筆「既來不須臾，又不處重闈」怨其良人，以反詰「亮無晨風翼，焉能凌風飛」埋怨自己，可為一例。

四、相應錯落：以前後相近的意念，敘寫意思雖然不同、但卻彼此相互照應的方法，叫做相應錯落。如本詩「凜凜歲云暮」與「涼風率已厲」句，均以冬寒為其意念，但其程度卻有段距離。「螻蛄夕鳴悲」與「遊子寒無衣」句，因螻蛄鳴悲興起遊子無衣之愁，雖然兩相照應，但所悲、所愁的卻不相同，正是相應錯落的寫法。

錯落，是在整齊中求變化，在變化裡求美感的一種筆法，不管是詩或是文，採用此法均能得到一定的效果。

（孔孟月刊四八三期、二〇〇二年十一月）

分析表

凜凜歲云暮

- 違
  - 情境
    - 敍景 —「凜凜歲云暮（客觀）、螻蛄夕鳴悲（主觀）」
    - 敍人 —「涼風率已厲（景），遊子寒無衣（人）」
    - → 動機
  - 處境
    - 敍子 —「錦衾遺洛浦，同袍與我違」（疑想）
    - 敍己 —「獨宿累長夜，夢想見容輝」（夢想）
    - → 「遊子寒無衣」
  - 夢境
    - 敍昔
      - 迎娶 —「良人惟古歡（心意），枉駕惠前綏（行爲）」（思婦之言）
      - 迎歸 —「願得長巧笑（心意），攜手同車歸（行爲）」（良人之意）
      - → 喜
    - 敍今
      - 悲促 —「既來不須臾，又不處重闈」（怨人）
      - 悲離 —「亮無晨風翼，焉能凌風飛」（怨己）
      - → 悲
    - → 「夢想見容輝」
  - 實境
    - 眺望 —「眄睞以適意，引領遙相睎」（視覺）
    - 徘徊 —「徙倚懷感傷，垂涕沾雙扉」（行爲）
    - → 盼歸

→「徙倚懷感傷，垂涕沾雙扉」

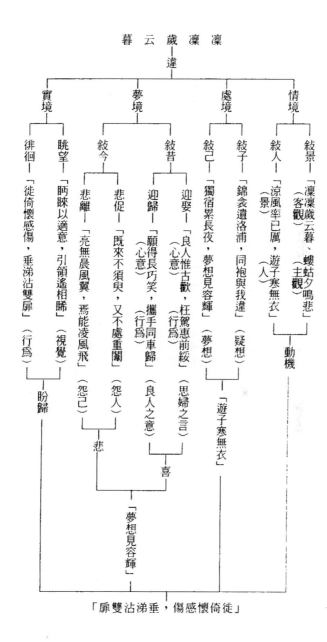

拾柒、孟冬寒氣至

孟冬寒氣至，北風何慘慄！愁多知夜長，仰視眾星列。
三五明月滿，四五蟾兔缺。客從遠方來，遺我一書札：
上言長相思，下言久離別。置書懷袖中，三歲字不滅。
一心抱區區，懼君不識察。

注釋

1. 〔孟冬〕：初冬，即陰曆十月。
2. 〔北風何慘慄〕：北風是多麼的寒冷。何：多麼。慘慄：寒冷的樣子。
3. 〔愁多知夜長〕：意指愁思一多，難以入眠，故覺夜晚漫長。
4. 〔仰視眾星列〕：抬起頭來眺望羅列在天上的群星。列：羅列。
5. 〔三五明月滿〕：十五的夜晚，明月圓滿。三五：陰曆每月十五，為月圓之日。

6.〔四五蟾兔缺〕：二十的夜晚，月有虧缺。四五：陰曆每月二十。蟾兔：借指月。相傳嫦娥偷食不死之藥，飛入月宮而化為蟾蜍；又謂月中有玉兔任搗藥之事。古詩十九首集釋引張衡靈憲云：「月者陰精之宗；積而成獸，像兔。羿請無死之藥於西王母，姮娥竊之以奔月，遂託於月，是為蟾蜍。」

7.〔遺我一書札〕：帶給我一封信。遺：音ㄨㄟˋ，贈送、給。書札：書信。札：古代書寫用的薄木片，後借指書信。

8.〔上言長相思〕：上，前面。長：經常。

9.〔「下」言久離別〕：後面。

10.〔置書懷袖中〕：置，放。懷袖：胸懷、衣袖。

11.〔三歲字不滅〕：意指小心收藏，絲毫無損。三歲：三年。滅：磨損漫滅。

12.〔一心抱「區區」〕：猶「拳拳」，懇摯之意。

13.〔懼君不「識察」〕：瞭解體察。

語譯

初冬十月，寒冷的天氣已經來到，北風是多麼的寒冷。愁思一多，使人體會到夜晚的漫長，抬起頭來眺望羅列在天上的群星。十五的夜晚，明月圓滿，二十的夜晚，月有虧缺。有位客人從遠方來，帶給我一封信：前端訴說經常思念著我，後面訴說離別已久的心情。把書信放在胸前、衣袖裡，經過三年，字跡也未磨損漫滅。我一心一意懷著懇摯之情，唯恐你不能瞭解體察我。

分析

同樣是離愁，「雁來音信無憑，路遙歸夢難成。離恨恰如春草，更行更遠還生」（清平樂），是李煜國破家亡、被俘入宋的心情；「啼鳥還知如許恨，料不啼清淚長啼血。誰共我，醉明月」（賀新郎），則是辛棄疾有志未伸、藉其族弟辛茂嘉被貶之事吐訴的感嘆。同樣面對離愁，「黯然銷魂者，唯別而已矣」（別賦），是江淹別賦一文的主題；「人有悲歡離合，月有陰晴圓缺，此事古難全」（水調歌頭），則是蘇軾達觀態度的寫照。離愁是椎心的苦，是難忍的痛，是情感最殘酷的考驗，因此自古以來，常是文人筆下取之不盡、用之不竭的題材，「孟冬寒氣至」一詩，也不例外。

「孟冬寒氣至」一詩，以「愁多知夜長」的「愁」字為詩眼，以孟冬天冷、寒風朔朔為情境，以閨婦思念遠遊在外、長年未歸的丈夫為主題，前抒離情，後表心跡，是一首別而不疑、怨而不悱的好詩。詩分前悲、後喜兩部：

前部：敍悲—離愁；敍冬夜難眠、思念良人的情懷。前部又分三節：

一、情境：「孟冬寒氣至，北風何慘慄」：以冬來天寒、又是歲末時候，北風呼號、冷得令人發抖為其情境，預為下文「愁多知夜長」句埋下伏筆。「孟冬」，點明季節；「北風」直承上文「寒氣」二字，說明「寒氣」的由來；「慘慄」則就「北風」與「寒氣」說明人的感受。

詩端由「孟冬」二字點明季節，隨即以「寒氣至」的「寒氣」二字，開啟下文「北風何慘慄」句。「北風」是「寒氣」的類型，「慘慄」則形容「寒氣」；「寒氣」是總提一筆，「北風」與「慘慄」則是分敍與描寫。

二、主題：「愁多知夜長，仰視視星列」：晝短夜長的冬天，看在愁人的眼裡，更是長得不知還有天明的時候，於是只好抬起頭來望向茫茫無際的星空。「夜長」是因「愁多」，「仰視眾星」是因「夜長」，這是愁人在孤寂之下，不知何去何從自然的反應。

「愁多知夜長」的「愁」字，是全詩的主題字眼，卻不是全詩寫作主要的動機。本詩係因思婦「仰視視星」時，一時愁緒諸來並發，既感明月有圓有缺，又憶良人曾經捎回信來，於是在過去與現實之間，完成了這首思念遠人的詩歌。

三、感受：「三五剛月滿，四五蟾兔缺」：直承上文「仰視眾星列」而來，從星列想到明月，從明月感嘆人事離合的無情。十五月圓，象徵人的團聚；二十月虧，象徵人的別離；月有陰晴圓缺，人有悲歡離合，這正是思婦心中最大的無奈。

本節「三五明月滿，四五蟾兔缺」，係由上文「仰視眾星列」句而來；「仰視眾星列」以下三句，則由上文「愁多知夜長」句而來。「愁」是全詩的主題，「仰視」是全詩的動機，詩在「愁」與「仰視」之中，平鋪直敘的依次展開了。

後部：敍喜─得信；敍喜獲來信、堅貞自誓的情形。後部又分四節：

一、情境：「客從遠方來，遺我一書札」：由上文「仰視眾星列」時的回憶而來，將思婦的悲離，頓時轉為得獲良人書信的喜悅總啟下文。

就全詩而言，本節兩句是後部所有文字的情境；就本節而言，「客從遠方來」則是「遺我一書札」的情境。「遠方」是客人從來之地，也是良人所在之處。作者不說遠離，而以「客從遠方來」暗示兩地的乖隔，用筆頗為委婉。至於「遺我一書札」句，可以視為下文的總說；詩先總提一句，留待下文慢慢的分解。

二、敍人─良人信息：「上言長相思，下言久離別」：直承上文「書札」二字敍其內容，且僅以「相思」、「別離」做籠括而涵蓋的敍述，一來可以鮮明詩的意象，二來也可以呈現「愁」的主題。

本節以排比的辭法，並列「長相思」與「久離別」，乍看之下，「相思」與「離別」似乎是兩件不同的事情，但如果仔細的分析，則知「相思」是因「離別」；「長」久的相思，是因「久」長的離別；「長」、「久」二字，預為下文「三歲字不滅」的「三歲」

埋下伏筆。

三、敍己—思婦懷信：「置書懷袖中，三歲字不滅」：將信置於懷袖之中，從空間敍其重視的情形；三年字跡不滅，從時間敍其珍惜的情感。書札是良人的象徵，珍惜書札是此情不渝的心情；「三歲字不滅」的「三歲」，一表來信已經過了三年，一表思婦從來不變的貞節。詩在娓娓道來之中，頗見款款深厚的情誼。

「三歲字不滅」的「三歲」，是「下言久離別」、「離別」的情形，也是「愁多知夜長」、「愁多」的原因。「三歲」是客觀的時間，也是作者無可如何、一心望君早歸長期的孤獨。

四、心跡：「一心抱區區，懼君不識察」：收束後部，總結全詩，並明示思婦自己的心跡。「一心」，是一心一意、全心全意，別無其他的念頭。「區區」是懇摯、是「一心」所表明的心跡。「一心抱區區」是自我的表白，「懼君不識察」則是思婦對良人最忠誠的告白。

本詩從「置書懷袖中」——視同良人、「三歲字不滅」——暗示不渝、「一心抱區區」——表明心跡，到「懼君不識察」——直接向良人告白，連以四句曲折轉出此生不渝的情感，思婦用情之深，令人動容。

前部「孟冬寒氣至」以下六句，實寫思婦目前的處境；後部「客從遠方來」以下八句，虛寫思婦目前的心情。「置書懷袖中」兩句，暗示思婦的情感，「一心抱區區」兩句，表明思婦的心跡。詩在虛寫與實寫、處境與心情、暗示與明示之間，平淡的文字自有深厚的情誼，直接的白描已經寫出不渝的誓言了。

批評

數字，是記錄一、二、三、四的數目字，也是描寫全部或部分的文學用語。因此在詩文的作品中，有時是客觀的數字，有時是具體的描寫；有時是直接的敍述，有時則已加入修飾、且加以變化了。肯定的、虛指的、有限的、無限的數詞，表達的方法很多，今筆者提出一組數詞表達的方法如下：

一、實數：以一、二、三、四實際的數字，直接寫入詩文之中，叫做實數。如本詩「置書懷袖中，三歲字不滅」句，「三歲」，實指三年的時間。

二、虛數：以虛指的數字，表達詩文敍及的數量，叫做虛數。如方孝孺指喻：「三折肱而成良醫。」「三」表多次之意。

三、約數：以數詞表約略、表不定或舉其成數，叫做約數。如論語先進「莫春者，春服既成；冠者五、六人，童子六、七人，浴乎沂，風乎舞雩，詠而歸」的「五六」、「六七」，指五、六人或六、七人。

四、易字：以語詞代替數詞，以文字代替數字的敍述方法，叫做易字數詞。如論語顏淵「二，吾猶不足，如之何其徹也」的「徹」字，借指十分之一。

五、倍數：以上下兩個數字相乘的結果，寫出文中實際的數目，叫做倍數。如本詩「三五明月滿，四五蟾兔缺」句，「三五」，指每月的十五日；「四五」，指每月的二十日。

六、分數：以上下兩個數字相除的結果，寫出文中實際的數目，叫做分數。如王安石遊褒禪山記：「蓋予所至，比好遊者尚不能十一」句，「十一」，意指十分之一。

以具體的數字實寫，可以使人一目瞭然；以虛指的數字虛寫，可以製造誇飾的效果；以倍數或分數的數字敍寫，可以避免字面上的重複，並變化行文的語句；以約數的文字入文，則能在實際的表達之外，另具典雅的美感。詩文之中常見的數詞，如何運用才算得當，也是我們必須注意的小節。

（孔孟月刊四八四期、二〇〇二年十二月）

分析表

孟冬寒氣至
- 愁
  - 敍悲（離愁）
    - 情境 —「孟冬寒氣至，北風何慘慄」（景）
    - 主題 —「愁多知夜長，仰視眾星列」（情）
    - 感受 —「三五明月滿，四五蟾兔缺」（感）
    - → 處境、實寫
  - 敍喜（得信）
    - 情境 —「客從遠方來，遺我一書札」（得信）
    - 敍人 —「上言長相思，下言久離別」（信息）
    - 敍己 —「置書懷袖中，三歲字不滅」（懷信）
    - 心跡 —「一心抱區區，懼君不識察」（心跡）
    - → 心境、虛寫
  - →「一心抱區區，懼君不識察」

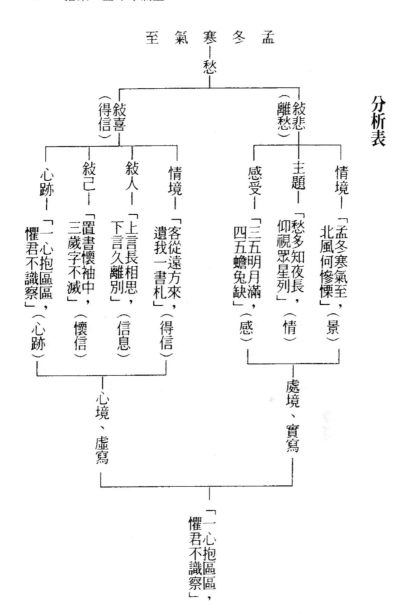

拾捌、客從遠方來

客從遠方來，遺我一端綺。相去萬餘里，故人心尚爾。
文綵雙鴛鴦，裁為合懽被。著以長相思，緣以結不解。
以膠投漆中，誰能別離此？

注釋

1. 〔遺〕：音ㄨㄟˋ，贈送。
2. 〔一端〕：半匹，長二丈。
3. 〔綺〕：音ㄑㄧˇ，素色花紋的絲織品。

遺我一端綺：贈送我半匹素色花紋的絲綢。遺：遠客代故人贈給思婦。一端綺：半匹素色花紋的絲綢。

本詩以「客從遠方來，遺我一端綺」興起全詩。

4.〔相去〕：相距、相離。去：距。
5.〔故人〕：老友、舊友；此指丈夫。
6.〔尚爾〕：仍然如此。尚：猶。爾：如此。指丈夫對自己的情愛不變，所以才有下文的憧憬。
7.〔文綵〕：織繡花紋，動詞。
8.〔鴛鴦〕：雙棲之鳥，古人用來象徵夫婦情深。
文綵雙鴛鴦：絲綢上織繡一對鴛鴦鳥。
9.〔合懽被〕：縫合表裡兩層的被子。合懽：漢稱兩面相合之物；象徵夫婦情好如蜜。懽：同「歡」。
合歡：落葉喬木，花淡紅色。羽狀複葉，大葉係由多數小葉組合而成，小葉一到晚上就合起來，故名合歡。
裁為合懽被：裁成表裡相縫的合歡被。裁：裁剪。
10.〔著以長相思〕：填入綿長的相思，諧指填入綿長的絲棉，一語雙關。著：音ㄓㄨㄛˊ，放、填。長相思：指絲棉，即絲縷很長的絲棉。「思」與「絲」諧音。
著以長相思：即「以長相思著之」。以：用。
著以長相思：以具體的「絲」雙關抽象的「思」，表達夫婦情思綿長無盡之意。

11.〔緣以結不解〕：被子四邊綴結絲縷，使它不能分開。緣：音ㄩㄢˋ，邊也，此作動詞用，被子四邊綴結絲縷。結：連結。不解：不分開、不分離。

緣以結不解：句諧「結姻緣不解」；以縫被綴結，使之無法分開，雙關伉儷情深，永不分離。

緣以結不解：即「緣以不解之結」，即「以不解之結緣之」。以：用。

「著以長相思」，以「思」雙關「絲」；「緣以結不解」，以被子不分開，雙關夫妻永不分離。

思婦將綺縫製的過程是：裁剪「裁為合懽被」、織繡「文綵雙鴛鴦」、填絮「著以長相思」、緣邊「緣以結不解」。

12.〔以膠投漆中〕：把膠投入漆裡，比喻夫婦親密無間。以：把、用。

膠漆：比喻聲氣相投。如膠似漆；比喻情感親密，難分難捨。

以膠投漆中：即「夫婦情好如『以膠投漆中』」，借喻。

13.〔誰能別離此〕：誰能分開我們。別離：分開。此：表面指合懽被，其實是指夫婦的情感。

「以膠投漆中」與「雙鴛鴦」、「合懽被」的寓意相同，均指兩情融洽無間之意。

語譯

客人從遠處來，贈送我半匹素色花紋的絲綢。兩人相距一萬多里，丈夫的心意仍然如此。絲綢上織繡一對鴛鴦鳥，裁成表裡相縫的合歡被。被裡填入綿長的相思，被子四邊綴結不能分開的絲縷。好像把膠投入漆裡，誰能分開我們呢？

分析

以物敍其離情，有涉江采芙蓉的「采之欲遺誰，所思在遠道」，與庭中有奇樹的「攀條折其榮，將以遺所思」；以物敍其別後的憧憬，則有冉冉孤生竹的「菟絲生有時，夫婦會有宜」，與本詩的「以膠投漆中，誰能別離此」。離別，常是古詩十九首愁思的原因，也是多數作品的主題；如果只以白描的方式敍寫，不但可能篇篇重複，而且詩意、詩境也會顯得過於短淺，因此作者以譬喻、以象徵、以雙關、以轉化，將本來可以直接吐訴的情感，一轉而為足以表現個人才華的技巧，而使詩的深度更為深刻，詩的廣度更為曠闊。

客從遠方來一詩，以「相去萬餘里」的「去」字為詩眼，以「遺我一端綺」興起全詩、「同心而離居」為主題，敍思婦對良人深切的懷念，與堅定不移的伉儷之情。詩分三部：

一、敍述：就良人說，以思婦得綺的喜悅開啟全詩，並點明兩地乖隔的處境。本部又分兩節：

1.情境：「客從遠方來，遺我一端綺」：以得綺興起詩端，敍客人受良人之託而贈送端綺的情形。客從遠方而來：「遠方」，是客人從來之處，也是良人所在的地方。「遠方」的「遠」字，預為下文「相去萬餘里」句埋下伏筆。「遺我一端綺」，一來係從遠方而來，二來係為良人所贈，思婦在喜悅之餘，引起諸多的遐想，所以下文才以「一端綺」為主體，極力將其想像馳騁於字裡行間。

本詩以遠客代夫贈送端綺興起全詩，敍寫思婦甜蜜的憧憬，恰與飲馬長城窟行「青青河畔草，綿綿思遠道」一詩，以「青草」引起對遠人的思念、以綿延不盡的青草，聯想刻在遠方的征人，寫法相同。

2.處境：「相去萬餘里，故人心尚爾」：明示兩人闊別的處境，並推想良人的心意，始終不變。「相去萬餘里」句，是上文贈送「端綺」一事的感動，也是下文思婦諸多憧憬的原因。

本詩乍看是喜，儘管乖隔萬里，良人心仍不變，這是思婦足以安慰、足以期待的原因。但在「相去萬餘里」的處境之下，卻是不折不扣的悲；表面上寫的是喜，實際上寓含的是悲，這是本詩正言若反的寫法。

二、抒情：就「端綺」說，以裁綺縫被為主題，以象徵與雙關的辭法，敘其誠摯的思念之情。本部又分兩節：

1.象徵：「文采雙鴛鴦，裁為合懽被」：就裁綺為被而言，敘織繡鴛鴦鳥，以象徵夫婦的情好如蜜。透過聯想，以「雙鴛鴦」、「合懽被」等意象，象徵抽象的意念，可使詩在含蓄中更為深刻，在隱約裡更為鮮明。

「文采雙鴛鴦」以下四句，環繞「遺我一端綺」的「端綺」二字，詳敘以綺裁被的情形。因此四句是全詩的主體所在，所以作者不厭其煩、細膩敘其製作的過程，使詩在看似瑣碎、其實深情的描述裡，強化詩中原有的意象。

2.雙關：「著以長相思，緣以結不解」：就被裡外而言，以「著以長相思」的「思」與「絲」諧音，被裡填入綿長的相思，雙關兩人的情思綿長不絕；以「緣以結不解」句諧「結姻緣不解」，被的四邊綴結不能分開的絲縷，雙關夫婦之情永遠相結而不分離。

裁被、繡鳥、填絮、緣邊裁製的過程中，嵌入鴛鴦、合歡、長相思、結不解的情思，使詩在縫製簡單的過程裡，寫進了有情有意、有色有彩豐贍的內容，比孟冬寒氣至「置書懷袖中，三年字不滅」，只以時間表其心跡的情感，更為深刻。

三、心跡：就思婦說，以譬喻的辭法自我表白，敘此情不渝、堅貞自持的心跡。

「以膠投漆中，誰能別離此」：表明心跡，並收束全詩。首句以譬喻、次句以白描敍其心志，詩從得贈端綺、裁綺為被到自我表白一路寫來，平順之中自有曲折，平淡之中自有濃濃的深情。尤以「誰能別離此」句反詰強化文意，更使詩的情感沸騰了起來。

本詩節奏明快，隔句押韻，綺、被屬於上聲歌韻，爾、解、此屬於上聲支韻，歌、支兩韻雖然可以通押，但其聲韻並不嚴格；以「長相思」、「結不解」雙關綿長的相思與不能分開的綴結；以「雙鴛鴦」、「合懽被」象徵雙宿雙飛與情好如蜜的伉儷之情；以「膠投漆中」，譬喻兩人誓不分離的心跡，與民歌的風格頗為類似。清吳淇選詩定論云：「十九首俱古詩，惟此一首稍似樂府，然卻作樂府不得，畢竟是古詩。」的確如此！

批評

以同音、同義的字詞，以言在此而意在彼的方式表義，使同一字詞同時兼指兩種事物的修辭方法，叫做雙關。雙關可使文字具有含蓄而又鮮明、風趣而又靈動的效果。如就「客從遠方來」一詩論其雙關的寫法，則有下列兩種；

一、字音雙關：以一字兼含兩個同音字的字義，叫做字音雙關。字音雙音又可分為下列兩種：

1. 以物諧意：以具體的事物諧指抽象的意念，如西洲曲「低頭弄蓮子，蓮子青如水。置蓮懷袖中，蓮心徹底紅」一節，以「蓮子」諧音憐子（你），以「蓮心」暗指「憐心」、愛憐之心。

2.以意諧物：以抽象的意念諧指具體的事物，如本詩「著以長相思」句，以「相思」的「思」，諧「長絲」的「絲」字。

二、字義雙關：以一字兼含兩個意思，叫做字義雙關。字義雙關又可分為下列兩種：

1.以物諧意：以具體的事物諧指抽象的意念，如子夜歌「始欲識郎時，兩心望如一。理絲入殘機，何悟不成匹」一詩，以「布匹」的「匹」，諧指「匹配」的「匹」字。

2.以意諧物：以抽象的意念諧指具體的事物，如本詩「緣以結不解」句，以縫被綴結，使之無法分開，諧結此情，永不分離之意。

雙關可以含蓄，卻不能隱諱；可以風趣，卻不能戲謔；可以活潑，卻不能輕浮；可以多指，卻不能模糊。因為唯有如此，才能使一字多音、一字多指的雙關修辭，意象更為鮮明，字句更為生動，詩文寫出更多的趣味。

（孔孟月刊四八五期、二〇〇三年一月）

分析表

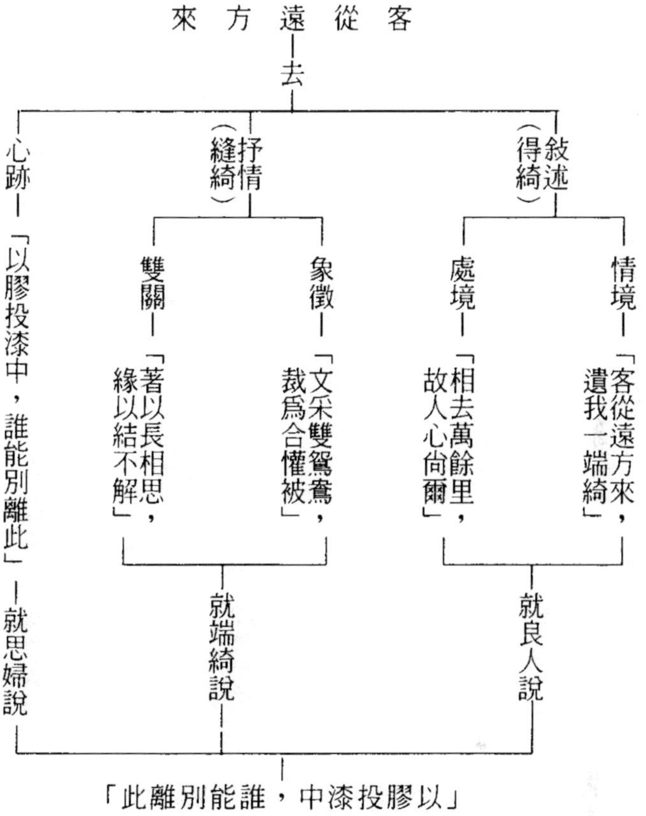
客從遠方來
去
敘述（得綺）
情境
「客從遠方來，遺我一端綺」
處境
「相去萬餘里，故人心尚爾」
就良人說
抒情（縫綺）
象徵
「文采雙鴛鴦，裁爲合懽被」
雙關
「著以長相思，緣以結不解」
就端綺說
心跡
「以膠投漆中，誰能別離此」
就思婦說
「以膠投漆中，誰能別離此」

拾玖、明月何皎皎

明月何皎皎，照我羅床幃。憂愁不能寐，攬衣起徘徊。
客行雖云樂，不如早旋歸。出戶獨彷徨，愁思當告誰？
引領還入房，淚下沾裳衣。

注釋

1. 〔皎皎〕：潔白的樣子。皎：潔白。
2. 〔羅床幃〕：羅綺床帷。羅：稀疏輕軟的絲織品。幃ㄨㄟˊ：音，帷帳。
3. 〔憂愁不能「寐」〕：音ㄇㄟˋ，睡。
   憂愁不能寐：係因本有愁思，明月又照其床帷，益增其愁，故睡不著。
4. 〔攬衣起徘徊〕：提起衣服起身來回走動。攬衣：提起衣服。攬：音ㄌㄢˇ，提、持。
   徘徊：來回走動。

6.〔客行雖云樂〕：旅居遠行雖然快樂。客：旅居。云：助詞。「客行雖云樂」為思婦臆測之詞，只是為了以「雖」字，帶出下句的「不如」早旋歸的主意。

7.〔不如早「旋」歸〕：回、還、歸來。

8.〔彷徨〕：音ㄆㄤˊ ㄏㄨㄤˊ，徘徊。

9.〔愁思「當」告誰〕：該。

10.〔引領還入房〕：伸頸遠望之後回到房裡。引領：伸頸遠望。還：歸、回。

11.〔淚下沾裳衣〕：流下淚來沾溼了衣裳。沾：音ㄓㄢ，溼、浸溼。

語譯

明亮的月是多麼的潔白，垂照著我羅綺的床帷。我憂思愁苦而不能成眠，提起衣服起身來回的走動。旅居遠行在外雖然快樂，不如早點回到故鄉。走出家門獨自徘徊，愁苦的憂思應該向誰傾訴呢？伸頸遠望之後回到房裡，流下淚來沾溼了衣裳。

分析

因觸景而生情，因生情而蕩漾愁傷，這是由外而內，藉景以抒其情；因際遇而感慨，因感慨而覺得處處蕭條，這是由內而外，移情於景物之上。因想念而期待，因期待而在夜下低回，景語往往就是情語。不管深居閨中或遠在異地，景中有情，情常因景而發，正是詩人創作主要的動機。所以文心雕龍物色云：「歲有其物，物有其容；情以物遷，辭以情發。一葉且或迎意，蟲聲有足引心；況清風與明月同夜，白日與春林共朝哉！」一語，已經道盡個中的原委。

「明月何皎皎」一詩，以「憂愁不能寐」的「愁」字為詩眼，敍閨婦徘徊月夜之下，思念客行不歸的良人。詩中有景有情、有虛有實，文字平易，意味深長，確能使人讀來久久不能自平。詩分三部：

首部：敍景：以月起興，敍明月當空，愁人不寐而起身徘徊的情形。本部又分兩節：

一、情景：「明月何皎皎，照我羅床幃」：以明月臨照而興起全詩；以月照羅幃、夜已過半，預為下文「攬衣起徘徊」句埋下伏筆。因睹明月而引起愁傷，因愁傷而引起作詩的動機，這是全詩的情境。天上的明月，照進室內的床幃，暗示月已西斜，夜已過半，閨婦愁思難眠的情形，可想而知；下文「攬衣起徘徊」的景象，也依稀可見。

有月的晚上，已經夠人感傷，何況月是「皎皎」的「明」月，愁人怎能安然入夢？所以在「明月皎月光，促織鳴東壁」（明月皎月光）時，即使不是肌膚之親的夫婦，而只是道義相交的朋友，也不由得不興起「不念攜手好」、「棄我如遺跡」的感慨了。

二、情形：「憂愁不能寐，攬衣起徘徊」：因景而愁，因愁而起身徘徊；本節直承上文的情境而來，敍人在此情此境之中的感受，並以「愁」字做為下文鋪敍的基點。

徘徊是因不寐，不寐是因憂愁，憂愁是因明月；望月而興感，夜更長了，愁更深了，人更無法入夢了。所以孟冬寒氣至以「愁多知夜長，仰視眾星列」，描寫閨婦思其未歸的良人，恰能與本詩的情景相映。

中部：過峽、虛寫。直承上文憂愁徘徊的主意而來，並開啟下文思念淚下的文字。

「客行雖云樂，不如早旋歸」：以上下對比的詩句，明寫思婦內心的期盼。首句以客行之樂與獨居之苦相對，暗示自己的孤寂。次句以「早」字暗示熱切的渴望，以「旋歸」明示心中的期盼。尤以既含「轉」意、又含「歸」意的「旋」字，與「歸」字並列成詞，更能想見閨婦望夫早歸愁苦的心情。

人生苦短，那能承受長久的相離？青春易逝，那能任其無端的溜走。所以「不如早旋歸」的「早」字，不但敍其渴望，而且寫其憂心，憂心「傷彼蕙蘭花，含英揚光輝；過時而不采，將隨秋草萎」，年少紅顏時，不能兩相聚首，老了只能以龍鍾鶴髮彼此相對了。

後部：抒情；直承上文盼歸的心情而來，敍其愁思無告、孤寂落淚的情形。本部又分兩節：

一、反詰：「出戶獨彷徨，愁思當告誰」：首句照應上文「攬衣起徘徊」句，「彷徨」與「徘徊」都以疊韻的聯綿詞，衍聲抒其不斷來回踱步、始終心無所依的情形。次句以反詰的語氣，強化愁思無告、愁憂無解的無奈，而將上文「不如早旋歸」、盼其早歸以免獨處的原因，一筆揭明。

從攬衣室內徘徊，到走出室外獨自彷徨，閨婦憂愁不寐、懷人傷別的心情，正是「同心而離居，憂傷以終老」（涉江采芙蓉）的寫照。

二、落實：「引領還入房，淚下沾裳衣」：以落下淚來總結全詩，並從「攬衣起徘徊」的起身、「出戶獨彷徨」的「出戶」，到「引領還入房」的「入房」，室內、室外來來回回，愁思仍然無法排遣，可知閨婦用情之深。甚至「入房」之前，仍然「引領」遠眺；進入室內之後，不禁潸然而淚下，閨婦用情之專，由此可見一斑。

情深之處，只有伊人，不見自己；只是關懷，沒有怨言；頗能與凜凜歲云暮「眄睞以適意，引領遙相睎。徙倚懷感傷，垂涕霑雙扉」一節，遙相呼應。

本詩以「愁」字為詩眼，因「明月」而「不寐」，因「不寐」而起身「徘徊」，因「徘徊」而「盼歸」，因「盼歸」而出戶「彷徨」，因「彷徨」無告而「入房」，因「入房」而淚溼裳衣；詩意一線相繫，詩句上下相銜，平易的語句之中，字字都是深情！

批評

情，是情感、是思想，也是作者真實的感動。唯有能感動自己，才能感動讀者；虛假的、膚淺的、或無法感動自己而勉強執筆寫出的詩文，因為缺乏真摯的情感，所以只能視為沒有靈魂的作品罷了。如以「明月何皎皎」一詩論其情感表抒的方法，則有下列四種：

一、直寫情感：以具體的字句，直接表抒情感，叫做直寫情感。如本詩「憂愁不能寐，攬衣起徘徊」句，直接以「憂愁」二字，明寫心中的感受。

二、側寫情感：以景物、情態、動作或對話，間接表抒情感，叫做側寫情感。如本詩「引領還入房，淚下沾裳衣」句，以「引領」寫其期盼，以「淚下」寫其愁苦，詩中雖未言情，但情感已在舉手投足之間，清楚的呈現出來。

三、遞寫情感：以兩者比較的方式，明示自己的情感所在，叫做遞寫情感。如本詩「客行雖云樂，不如早旋歸」句，以「不如」二字否定客行之樂，並明示「早旋歸」的主題。

四、反寫情感：以反詰的語氣，鮮明自己的情感，叫做反寫情感。如本詩「出戶獨彷徨，愁思當告誰」句，「愁思當告誰」，表面上是反詰，其實在反詰之中，作者的情思不言可喻。

因景物優美而深深的著迷，是感動；因內心濃烈的鬱苦而不能自已，也是感動。感動，是真情的流露；唯有深受感動的真情，才能寫出足以感動讀者的好作品。

（孔孟月刊四八六期、二〇〇三年二月）

分析表

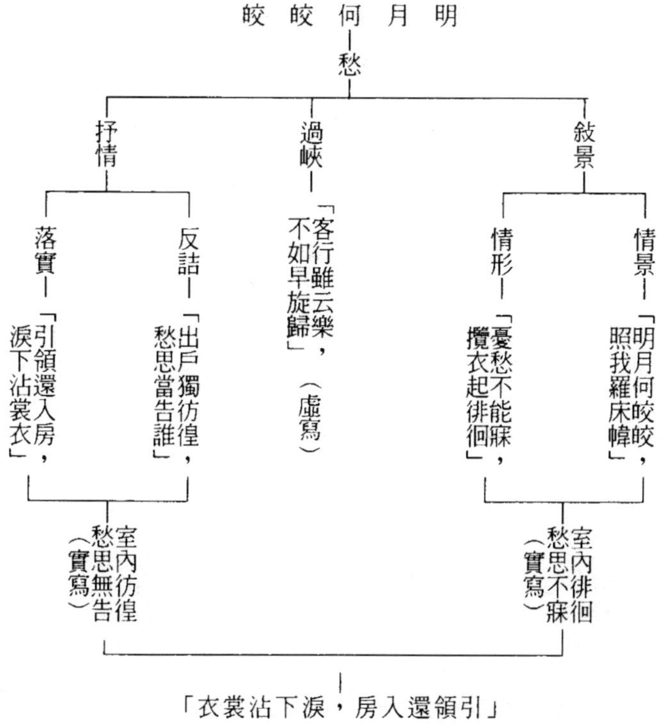

明月何皎皎
愁
敘景
情景
「明月何皎皎，照我羅床幃」
情形
「憂愁不能寐，攬衣起徘徊」
室內徘徊 愁思不寐（實寫）
過峽
「客行雖云樂，不如早旋歸」（虛寫）
抒情
反詰
「出戶獨彷徨，愁思當告誰」
落實
「引領還入房，淚下沾裳衣」
室內彷徨 愁思無告（實寫）
「引領還入房，淚下沾裳衣」